**평범하지만
부자가 되고 싶어**

평범하지만
부자가 되고 싶어

극현실주의 부자 수업

김종봉·제갈현열 지음

만약 평범한 당신이 행동하기로 결정했다면,

경제적 자유가 찾아올 것이다.
마침내 자기만의 생산 수단을 가지게 될 것이며
시장은 당신이 무엇을 하든 환호할 것이다.
이런 말은 당신에겐 어울리지 않는다.
결국 부자는 특별한 사람만이 될 수 있다.
그러니 남들보다 특별하지 않다면 포기해야 한다.
삶이 바뀌길 바라는 건 욕심에 불과하다.
이런 말이야말로 당신에게 어울린다.
평범함은 부의 씨앗이다.
시간과 정성을 들여 자신의 가치를 스스로 쌓다 보면
부의 열매는 반드시 열린다.
오늘부터 당신만의 가치를 발견하라.
이런 조언을 하는 사람이 있다면 지금부터 멀리하라.
부자가 되길 포기하고 마음이라도 편해져라.
남을 위해 일하는 것에서 작은 행복이라도 찾아라.
평범한 당신에겐 특별함 없는 삶이 가장 어울린다.

이것이야말로, 당신이 들어야 하는 진실이다.

우리가 하려는 일은
이 생각을 정확히 반대로 뒤집는 것이다.
아래에서부터 다시 읽어보라.

프롤로그

"나는 평범해서 안 돼"라는 당신의 생각을 바꿀 수 있다면

'평범한 나는 과연 부자가 될 수 있을까?'
검정고시를 합격하고 지방 야간대에 다니던 시절,
내가 나에게 던졌던 돈에 대한 첫 번째 질문이었다.
그로부터 벌써 20년이 지났고
'평범했던 나는 부자가 되었다.'

어쩌면 지금 당신도
나와 비슷한 질문을 품고 이 책을 펼쳤을 것이다.
그런 당신에게 먼저 해주고 싶은 말이 있다.
"당신처럼, 나도 여전히 특별한 사람이 아니다."

나는 여전히

취향과 시장을 무시할 수 있는 필력을 가진 작가도 아니요,
시장의 흐름을 완벽히 꿰뚫어 보는 창업가도 아니요,
엄청난 끼로 사람들의 주목을 끄는 인플루언서도 아니다.
그 흔한 실전 투자 대회 입상도 해본 적 없는
여전히 소심하고, 조심스러운 투자자일 뿐이다.

그래서 이 책에는
재능이 있는 0.1퍼센트의 사람이 쓴 거대한 성공 스토리나
그들이 가진 마법 같은 비법은 없다.

그저 지금의 당신, 과거의 나처럼
"평범한 나 같은 사람도 부자가 될 수 있을까?"라는
질문에서 시작해 그 해답을 찾으려 한
지난 20년간의 과정이 담겨 있다.

그 답을 찾기 위해 8년 동안 나는
하루 10시간 이상을 컴퓨터 앞에 앉아 있었다.
투자를 잘하기 위함이었다.

그다음에는 이 과정을 『돈 공부는 처음이라』라는 첫 책과

『돈의 시나리오』라는 두 번째 책에 전부 담았다.
그리고 투자가 아닌, 투자와는 다른 부를 찾기 위해서
드디어 컴퓨터 앞을 벗어났다.

그 이후 12년은 사람들 앞에서 시간을 보냈다.
12년이란 시간 동안 나는 거의 모든 분야에서
상위 0.1퍼센트의 사람부터
지극히 평범한 사람까지 수천 명을 만났고
때론 그들을 가르치고, 때론 그들에게 배우며
치열하게 그들의 삶을 들여다봤다.

그렇게 오랜 시간을 돌고 돌아서야 알게 되었다.
'평범한 사람이 부자가 되는 방법'을 말이다.

최근 한 강연회에서
"대표님은 왜 이렇게 많은 활동을 하세요?"라는
질문을 받았다.
나는 때론 책 팔이, 강의 팔이,
때론 장사꾼, 사업가,
때론 투자자로 활동하고 있기에 많은 이가

내가 다방면으로 활동하는 이유를 궁금해했다.
그 이유는 나의 직업 때문이다.
10년 전부터 작가, 강사, 컨설턴트로 활동한 나는
'직접 경험한 것만 이야기하자'라는 고집 덕분에
아주 많은 경험을 하게 되었다.

그리고 처음으로 이 책에서 더 솔직히 고백하자면
사실 어떤 한 분야에서도
최고가 되지 못했기 때문이다.

내가 경험한 모든 분야에서는
집안, 학벌, 직업 등과 같은
외부적 환경이 압도적으로 뛰어나거나,
IMF 외환위기, 서브프라임 모기지 사태,
코로나 팬데믹처럼
시대가 주는 운을 가져가거나,
외모, 성향, 성격 등에서 비범한 재능을 지닌
최상위 0.1퍼센트의 사람이 존재했기 때문이다.

정말 너무나 아쉽게도 나는 그 어떤 분야에서도

위와 같은 사람이 아니었다.

처음에는 보이지 않아 알 수 없었지만
부자가 되고 나서 더 높은 곳에 올라가 보니,
그들이 가진 절대적인 '벽'이 보이기 시작했다.
나는 그 절대적인 벽 앞에 낙담했다.

'노력'이라는 흔해빠진 단어로
뛰어넘을 수 없는 것이 있다는 사실에 몇 년간 좌절했다.
좌절의 시간이 깊어진 후에야
그들과 나의 다름을 인정하게 되었다.
다름을 인정하니 보이기 시작했다.
내가 할 수 있는 이야기가.

이제 이 책의 목적을 솔직히 이야기하려 한다.
첫 번째, 이 책은 내가 12년간 돌고 돌아서
깨달음을 얻은 뒤 구체화해서 만든 단 한 가지 방법론을
지속적으로 얘기할 것이다.
12년의 시간을 한 권의 책으로 녹이려고 해보니
그 한 가지 방법이 최선의 방법이라는 걸 알게 되었다.

두 번째, 그래서 아쉽지만 나는 당신에게
가급적 여러 가지 선택의 여유를 주지 않을 것이다.
독자가 앞으로 고민하며 생각할 시간을 줄여주기 위해
이 책을 집필하기 시작했으니
책 한 권의 값으로
12년의 시간을 샀다고 생각했으면 좋겠다.

세 번째, 나는 당신에게
당신의 능력이 미치지 '못해서'가 아니라
당신이 '안 해서' 부자가 되지 않았다는 생각이 들도록
설득할 예정이다.

그리고 당신이 쉽게 해낼 수 있는 몇 가지 미션을
책에 담을 예정이다.
누구나 할 수 있는 미션이니 책을 읽으며 반드시
실행했으면 한다.

**평범한 사람이 부자가 되는 길은
'못해서'가 아니라 '안 해서' 멀어진 길이다.
그 차이는 '불가능'이 아니라 '선택'에 있다.**

이제 당신이 선택할 차례다.

당신은 부자가 되는 길을 선택할 것인가?

만약 당신이 그 길을 선택하고자 한다면

이제 나와 함께 평범한 자들이 걷는

부의 길을 구체적으로 살펴보도록 하자.

이 책의 사용 설명서
: 이론을 알리고 행동을 유도한다

언제든지 이 책을 읽다가

'나는 이 정도는 안 해도 상관없겠다'라는 생각이 든다면

과감히 덮어버려도 좋다.

당신은 나보다 나은 사람이고

나보다 나은 당신에게 평범한 나의 방법은

필요하지 않을 수도 있기 때문이다.

하지만 만약 끝까지 이 책을 읽었다면,

그리고 읽는 내내 당신이 내 이야기에 공감했다면,

딱 하루 2시간, 60일, 총 120시간만
이 책의 내용을 실행했으면 한다.
앞으로 수십 년을 살아갈 당신의 단 3개월만.

누구를 위한 일도 아닌, 오롯이 당신만을 위한
이기적인 하루 2시간을 반드시 투자하길 바란다.

차례

프롤로그
"나는 평범해서 안 돼"라는 당신의 생각을 바꿀 수 있다면   006

Part 1
당신은 부자가 될 수밖에 없습니다
이미 가지고 있는 부자의 재료 '시간'

대기업 명함이 아니라 청소 도구에서 발견한 부자의 길	022
돈을 만드는 네 가지 재료	027
2000명 모두 투자 계좌를 가지고 있었기에	037
시간은 8:2로, 방법은 3F로	042
〈미션 1〉 나의 유일한 자산인 시간을 점검하기	050

Part 2
누구도 말해주지 않은 부자의 시작점
많은 것을 '하는' 사람이 아닌 '끝내는' 사람

괜찮은 '정장 한 벌'을 갖춰 입은 것처럼	060
스스로 끝낼 수 있을 때, 부자의 길은 시작된다	066
미션2) 끝내야 할 다섯 가지, 더해야 할 다섯 가지	090

Part 3
나의 업을 찾는 3F 행동 모델
선언하고, 쌓아가고, 연결하라

부자를 만드는 비밀의 설계도, 3F 법칙	96
창업의 3F = 당신을 세상에 소개하라	103

창업 1단계 ≫ FIND

남의 일 말고 나의 일 찾기	108
처음으로 써보는 '오직 나'를 위한 자기소개서	116

| 미션 3 | 자기소개서 작성하기 | 123 |

회사가 아닌 세상에 뿌리는 이력서, '자기선언문'   132
하고 싶은 것을 발견하는 세 가지 질문   139
결핍에서 피어난 꽃이 가장 오래간다   145
평범함이라는 무기   154

| 미션 4 | 자기선언문 작성하기 | 161

창업 2단계 ≫ FORGE

시장이 응답할 때까지 쌓기   168
돈과 시간은 일시적으로, 효과는 지속적으로   173
완벽한 계획보다 어설픈 시작이 낫다   191
당신의 이야기에서 시작하면 된다   203
이제 당신이 먼저 제안하라   212

| 미션 5 | 블로그에 자기선언문에 대한 뜻 작성하기   225
| 미션 6 | 나의 본질과 관련된 커뮤니티 세 곳,
           나의 가치를 알아줄 커뮤니티 세 곳 찾기   232
| 미션 7 | 함께 공부하고 가르치기   241
| 미션 8 | 맛보기 상품 만들고 유통시키기   247

창업 3단계 ≫ FREE

자유로워질 것인가, 확장할 것인가   258
자신의 업이 깊어지는 확장   262

타인의 업을 끌어오는 확장	268
FREE의 끝에 행복이 남길	276
〈미션 9〉 미래의 어느 하루를 그려보기	283

Part 4
돈이 스스로 일하게 만드는 3F 투자 모델
확인하고, 검증하고, 확장하라

당신이 상대적 박탈감을 느끼지 않도록	292
투자의 3F = 내가 알려줄 F + 당신이 완성해 갈 2F	299

투자 1단계 ⋙ FIND

반토막 전략: 자주 오지 않지만 높은 수익을 내다	306
분할 매수 전략: 연속성으로 조급함을 없애주다	313
분할과 집중 시나리오: 두 전략의 장점을 합치다	318
〈미션 10〉 HTS 개설하고 지수 차트 확인하기	325

투자 2단계 ⋙ FORGE

당신의 투자법으로 소화시킬 시간	330
〈미션 11〉 반토막 전략 시기 작성하고 확인하기	339

| 미션 12 | 지수의 분할 매수 전략을 실행할 때 손실 나는 구간이 있는지 확인하기 | 342 |
| 미션 13 | 분할 집중 시나리오를 실행할 때 손실 나는 구간이 있는지 확인하기 | 344 |

투자 3단계 >>> FREE

당신의 시나리오를 다른 기회로 확장하길 348

| 미션 14 | 해외 지수로 두 가지 전략과 한 가지 시나리오를 확인하기 | 355 |

에필로그

지금도 평범한 내가, 평범한 당신에게_김종봉 361

살아온 것을 말하는 것에서 말하는 대로
살아 남기는 것으로_제갈현열 366

받아들여야 한다.
평범한 사람이 가진 것은 시간밖에 없다는 사실을.
받아들였다면, 걱정할 필요 없다.
그 시간만으로도 충분히 부자가 될 수 있기 때문이다.

나는 이 책에서 명확히 보여줄 예정이다.
부자에 이르는 모든 능력이
실은 이미 자신에게 있다는 사실을.

Part 1

당신은 부자가 될 수밖에 없습니다

이미 가지고 있는 부자의 재료 '시간'

대기업 명함이 아니라
청소 도구에서 발견한 부자의 길

그를 처음 봤을 때, 나는 적잖이 놀랐다.
대기업을 다니던 친구였다.
모두가 알 만한 외국계 회사에 다니며 연봉도 1억이 넘는
누가 봐도 '잘된 케이스'였다.

좋은 학벌, 좋은 스펙, 좋은 회사.
안정적인 연봉과 복지가 보장되어 있어서 남들이 보기에는
'성공한 삶'이라는 말이 어울리는 친구였지만,

어느 날 갑자기 그는 회사를 그만두었다.
"사무실 책상이 아니라 비상구 계단에서
내 미래를 봤어"라는 말을 남기고선 말이다.

지금 그의 일터는 모텔 계단이다.
하루 종일 청소 도구를 들고,
누군가 다녀간 공간을 다시 살아 숨 쉬게 만든다.
겉으로는 몰락한 것으로 보일 수도 있다.
하지만 현실은 정반대다.
그의 한 달 수익은 이미 천만 원을 넘겼으며
현재 직원까지 두고 사업체를 운영 중이다.

그는 나에게 이렇게 말했다.
"충분히 월 1억도 가능하다고 봐.
돈이 되는 일은 겉모습을 보고 판단할 수 없더라."
그리고 가장 기억에 남는 말은 이것이었다.
"형, 나는 이제야 진짜 내 시간을 쓰는 느낌이야.
누가 봐도 멋진 모습은 아니지만, 나는 행복해."

현열이와 친한 또 다른 친구가 있다.

그 친구는 학벌 천국인 광고업에서
작은 광고 대행사를 다니며 일을 시작했다.
지방대 출신이라는 약점을 열정 하나로 만회하며
최상위의 메이저 광고 대행사까지 올라갔다.

남들의 부러움을 한 몸에 받으며
이직에 성공했지만 무리했던 걸까,
30대 초반에 심근경색으로 쓰러졌다.
죽을 고비를 넘기고 몸이 회복되자
"다시는 이렇게 일하지 않겠다"라고 말하며 퇴사하였다.
그런데도 그는 여전히 '광고'를 한다.

"죽기 직전에서야 알았어요.
내 시간이 왜 소중한지. 그리고 그 시간을
어디에 써야 가치가 생기는지."

그의 별명은 '홍반장'이다.
그가 하는 일 때문에 붙여진 별명이다.
여러 기업에서 광고 일을 얻어 와
그 일을 할 수 있는 기업과 연결해 주는 프리랜서로 뛰고 있다.

10년 가까이 몸담았던 광고업에서 쌓은
네트워크와 경력이 있었기 때문에 가능했다.
그는 쓰러지기 직전에 받았던 연봉보다 더 많은 돈을
비교적 편안하게 일하며 벌고 있다.
개인사업자로 등록하려고 계획 중이며
이 일을 조금 더 체계적으로 만들기 위해
하루하루 자신의 시간을 보내고 있다.

두 사람의 이야기로 책을 시작한 이유는 분명하다.
내가 앞으로 하고 싶은 모든 이야기가
담긴 사례이기 때문이다.

이들은 절대 특별해서 성공한 게 아니다.
자신이 평범하다는 사실을 인정했고
**그 평범함 속에서 '시간과 돈'의 흐름을
바꾸는 방법을 찾았을 뿐이다.**
그리고 나는 이 두 친구가 보여준 방향으로
당신이 앞으로 가야 한다고 확신한다.

길은 달랐지만 각기 다른 두 사람의 결론은 같았다.

마침내 부자가 되는 방법을 알았다는 것이고,
그 방법이 가장 옳음을 확신했다는 것이다.

나는 이 책을 통해 여러분에게
그들이 걸어간 길에 대한 확신을 주려 한다.
그럼, 두 사람의 이야기를 마음에 품은 채
여정을 시작해 보자.

돈을 만드는
네 가지 재료

부자란 결국 돈을 많이 번 사람이다.

벌었다는 것은 결국 어디선가 돈을 만들어냈다는 뜻이다.

만드는 방법은 간단하다.

어떤 재료를 활용하거나 조합하면 된다.

결국 '돈을 만든다'라는 말은

'어떤 재료'를 활용하고 조합하는가의 문제에 불과하다.

그 재료란 네 가지 중 하나다.

재능, 운, 돈, 시간이다.
모든 사람은 이 네 가지 중 하나를 이용해서 돈을 만들고
부자라는 이름을 얻는다.

재능이 뛰어난 사람은 재능으로 돈을 만들 수 있고
운이 뛰어난 사람은 복권 당첨으로 일확천금을 얻을 수 있다.
돈이 많은 사람 역시
그 돈을 이용해 남들보다 더 쉽게 돈을 만들 수 있다.
만약 당신이 재능, 운, 돈을 이미 가지고 있다면
이 책은 당신에게 필요치 않다.
더 정확하게 말하자면 이 책 말고
당신에게 훨씬 도움이 되는 다른 방법이 존재한다.

재능이 뛰어나다면
그 재능을 돈으로 바꿔줄 협력자를 찾으면 된다.
가령 외모가 뛰어나다면 연예 기획사를 찾아가는 편이 빠르다.
운이 뛰어나다고 믿는 사람은 주저 없이 복권을 사러 가면 된다.
이미 돈이 많은 사람은
부동산을 구매하거나 안전한 투자 상품을 사면 된다.
그런 방법을 알려주는 좋은 책은 이미 많이 있으니,

그것을 읽어보길 권한다.

이 책에서 지금부터 다루고자 하는 것은
'시간'이란 재료로 돈을 만드는 방법에 관한 이야기다.
네 가지 재료 중에서 시간을 선택한 이유는 간단하다.
처음부터 이 책에서 최대한 많은 사람이 사용할 수 있는,
가능하다면 모든 사람이 활용할 수 있는
부자가 되는 방법을 이야기하고 싶었기 때문이다.

**그리고 유일하게 시간만이 모든 사람에게
공평하게 주어지는 재료이기 때문이다.
당연히, 시간은 모든 사람에게 똑같이 주어진다.**

재능이 있는 사람도, 운이 좋은 사람도, 돈이 많은 사람도
모두 공평하게 24시간이 주어진다.
물론 재능, 운, 돈이 있는 사람은
시간을 사용하는 데 조금 더 유리하다.
다른 재료를 하나 더 가지고 있는 셈이니 말이다.
그러나 당신에게 이 세 가지가 없더라도,
당신이 가진 유일한 재료가 시간뿐이라 하더라도

가진 게 시간뿐이라면
시간을 돈으로 바꾸면 된다.

걱정하거나 억울해할 필요가 전혀 없다.

그 시간만으로도 충분히 부자가 될 수 있기 때문이다.
내가 그러했고, 지금까지 만나본 수많은 부자와
나와 상담했던 사람들이 그러했다.
그러니 당신 역시 시간만으로 충분히 부자가 될 수 있다.
이 책은 그 방법을 알려주기 위해서, 시간이란 재료만으로
당신을 부자로 만들어주기 위해서 시작되었다.

시간을 이용해서 돈을 만드는 방법도 실은 매우 간단하다.
시간의 질적 가치를 높이면 된다.
하루 24시간인 시간은 양적으로는 누구에게나 동일하기에
시간을 더 많은 돈으로 바꾸고 싶다면
시간당 벌어들이는 수익을 높이면 된다.

시간을 돈으로 바꾸는 방법은 두 가지밖에 없다.
노동소득과 사업소득이다.
노동소득이란 시장에 소속되어
자기 노동력을 급여로 바꾸는 행위다.
아르바이트하는 것이나 취업을 하는 것이 여기에 해당한다.

사업소득이란 스스로 서비스나 물건 등의 가치를 만들어
시장에 직접 판매해 돈으로 바꾸는 행위이다.
장사를 하는 것이나 사업을 하는 것이 여기에 해당한다.

자, 이 둘 중에 우리는 무엇을 선택해야 할까.
결론부터 말하자면 결국 사업소득을 선택해야 한다.
이유는 아주 단순하고, 상식적이다.
두 가지라고 하지만
주도적으로 시간의 질적 가치를 높일 방법은
사업소득밖에 없기 때문이다.

노동소득으로 자기가 만족할 만큼의 돈을 버는 사람은
0.1퍼센트가 채 되지 않을 만큼 매우 소수다.
소위 말하는 대기업의 임원들이 여기에 해당한다.
그들은 자기가 원하는 연봉에 맞춰 협상할 수 있고
자기가 원하는 만큼의 금액을 시장에 제안할 수 있는 사람들이다.
나머지 99.9퍼센트에 해당하는 사람이 받는
노동소득의 값은 본인이 아니라 시장이 결정한다.

아르바이트에서 받는 시간당 급여는 사장이 결정하고,

기업에서 연봉 협상을 한다고 해도
말이 협상이지 대부분은 통보에 가깝다.
소수의 임원만이 자신의 능력과 결과를 무기로 삼아
자기가 원하는 만큼의 시간값을 시장으로부터 받아낼 수 있다.

결국 내 시간을 얼마에 쳐줄지는 시장이 결정하며
내 연봉은 기업의 프로세스와
내 직무의 평균 시장가가 결정하는 것이다.

**아무리 내가 노력하더라도 내 시간값은
시장의 규칙과 결정을 따라야 한다.
반면 사업소득은, 즉 창업하는 사람은
자기 시간값을 온전히 자신이 결정할 수 있다.**

스스로 어떤 물건 혹은 서비스를 만들지 결정하고,
어떤 시장에 판매할지, 판매금은 얼마나 받을지를
스스로가 정하기 때문이다.

결국 '시간'이라는 재료로 많은 돈을 만드는 유일한 방법은
시간값을 높이는 방법을 찾는 것이고,

주도적으로 시간값을 높일 수 있는 유일한 방법은
사업소득, 즉 창업인 셈이다.

그런데 창업하라고 말하면, 대부분은 망설인다.
창업에 대해 두 가지의 큰 오해를 하고 있기 때문이다.
자본이 있어야 한다는 것, 능력이 있어야 한다는 것.
먼저 이 오해를 하나씩 풀어보자.

우선 창업은 자본이 필요하지 않다.
정확히는 자본이 필요하지 않은 창업도 있다.

앞으로 내가 이 책에서 당신에게 전할 핵심적인 내용은
자본이 필요하지 않은 창업에 관한 이야기다.
가진 것이 시간밖에 없는 사람일지라도
그 시간을 들여서 할 수 있는 창업 말이다.

창업에 능력이 필요하다는 말은 틀리다.
창업에는 능력이 필요하지 않다.
정확히는 누구나 창업할 수 있는 능력을 이미 가지고 있다.

창업에 필요한 능력이란
팔 '무엇'과 팔 '시장' 그리고 파는 '방법'을 아는 것이다.

누구나 팔 수 있는 무언가는 가지고 있으며,
팔 시장은 어디에나 존재하고 있고,
파는 방법은 쉽게 배울 수 있다.

여기서 중요한 내용은 팔고자 하는 무엇이
평범한 우리가 가지고 있는 유일한 도구인 시간을 통해
이미 만들어져 있거나
앞으로 충분히 만들어갈 수 있다는 것이다.

결국 '능력이 있어야 창업할 수 있다'가 아니라
'누구나 창업할 능력을 이미 갖추고 있다'라는 말이다.
다만 스스로가 깨닫고 있지 못할 뿐이다.
이를 파트 3에서 보다 명확히 이해시킬 예정이다.
지금은 창업에 필요한 모든 능력이
이미 자신에게 있다는 사실을 알기만 하면 된다.

나는 지난 12년간

4만 7000명의 사람과 소통했고
그중 2000명 이상을 직접 상담하면서
이 방향성을 확인했고,
이 방향을 제안했으며,
이 방향이 맞음을 확신했다.

여러분에게 전하는 이 이야기는
어느 날 문득 머릿속에서 나온 나만의 상상이 아니다.
내가 직접 경험한 12년간의 과정이다.

그래서 나는 당신의 시간을 창업이란 목적지로 이어줄 것이며
그 목적지의 끝에서 부자라는 결과를 안겨줄 것이다.
그럴 자신이 없었다면, 처음부터 이 책을 시작하지도 않았다.

2000명 모두 투자 계좌를 가지고 있었기에

결국 내가 당신에게 전하고 싶은 이야기는 이것이다.
모두에게 공평한 시간이라는 재료를 활용하여
내가 알려주는 방법으로 자신만의 창업을 시작하라는 말이다.

앞서 말했듯이 지금까지 나는
나같이 평범한 2000명의 사람을 만났다.
그들에게 이 책에서 소개하는 이야기를 모두 전했다.
그러다가 알게 된 한 가지 사실은

내게 찾아온 평범한 이들 대부분이
부자가 되기 위해서 가장 쉽게 접할 수 있는 방법인
투자를 여러 개 하고 있었다는 것이다.
누군가는 주식을, 누군가는 코인을,
누군가는 펀드를 보유하고 있었다.

그런데 그들의 상황은 비슷했다.
간혹 잠깐의 수익을 봤다는 사람이 있었지만
대부분은 손실을 봤다.
내가 그들에게 처음 이야기했던 조언은
투자를 잘하기 위해서는 막대한 시간을 써야 하며
그 시간을 써도 손실의 위험이 있으니
투자가 아닌 창업에 집중하라는 것이었다.

하지만 내가 아무리 말해도 그들은
투자를 멈추지 않는다는 사실을 깨달았다.
그리고 그 이유는 단순했다.
멈추기에는 너무나 달콤한 유혹에 계속 노출되었고,
유혹을 뿌리치기에는
부자가 되고 싶은 바람이 너무 간절했기 때문이다.

내게 부자 되는 방법을 묻기 위해
먼 발걸음을 마다하지 않고 찾아왔다는 건
부자가 되고 싶은 의욕이 가득하다는 방증이다.
의욕이 가득한 사람에게 들려오는
무슨 주식이 폭등했네, 어느 섹터가 크게 폭등할 것이네,
어떤 코인이 폭등할 것이네 따위의 말들은
의욕을 욕심으로 뒤바꿨다.

욕심을 가진 사람에게
폭락하면 "폭락하니까 기회다"라고 말하고
폭등하면 "폭등하니까 빨리 올라타라"라고
세상이 계속 소리치니,
무시하려고 해봐야 무시할 수 없는 것이다.

그게 그들의 잘못일까? 아니다.
욕심이 나는 이유는 사실 불안하기 때문이다.
간절히 바라는 부자라는 목표가 있는데
추월차선처럼 보이는 그 얘기를 마냥 무시할 수 없는
그 불안함 말이다.
결국 나는 그들의 그 욕망을 지울 수 없다는 걸 인정했다.

내겐 그들을 설득할 만한 힘이 없다.

당신도 마찬가지다.
평범한 당신이 서점에 있는 수많은 책 중에
이 책을 선택하고 여기까지 읽었다는 건
당신도 내게 찾아온 2000명의 사람과 크게 다르지 않다는 뜻이다.

누구보다 부자가 되고 싶기에,
투자 계좌에서 손을 떼지 못하고 있을 확률이 높다.
그런 당신에게 투자를 멈추고 창업에만 집중하라는
지키지 못할 말은 하지 않을 생각이다.
수 시간을 써서 직접 대화를 해도 설득하지 못했는데,
하물며 책이라는 간접 수단으로 가능할 거라고는
애초에 기대하지 않고 있기 때문이다.

그래서 다른 방법을 쓰려고 한다.
이왕 투자할 거면, 어차피 투자를 놓지 않을 거라면
최소한의 리스크로 최대한의 효율을 만들 수 있도록
십수 년간 내가 공부하고 경험한 내용을 알려줄 예정이다.
투자 손실로 심리적 충격을 받아

정작 해야 하는 창업 준비를 그만두지 않을 정도의,
미래에 대한 불안감이나 남의 이야기에 휘둘리지 않고
투자 수익이 동기부여가 되어
신바람이 나 창업을 준비할 정도의
투자 방법을 알려줄 예정이다.

그래서 열심히 창업을 준비하는 당신의 구슬땀을
스마트폰 속의 투자 계좌가 산들바람이 되어
닦아주도록 만드는 것.
그것이 지금부터 내가 전할 이야기다.

시간은 8:2로,
방법은 3F로

파트 1의 마지막이다.
지금까지의 이야기를 정리해 보자.

모든 사람에게는 부자가 될 수 있는 재료인 '시간'이 있다.
이 시간값을 주도적으로 높일 수 있는
유일한 방법은 창업이기에
시간을 이용해 부자가 되길 원하는 모든 사람은
결국 반드시 창업을 선택해야 한다.

흔히 창업을 돈과 재능의 싸움이라 생각하지만
실상은 그렇지 않으며, 내가 알려줄 방법을 따르면
누구나 자기만의 창업을 할 수 있다.

그럼에도 누구에게나 불안이 있고 욕구가 있기에
당신 역시 투자에 쓰는 시간을 줄이거나
투자를 멈추려 하진 않을 것이다.

그래서 나는 당신에게
당신을 부자로 만들어줄 창업에 대한 가장 현실적인 방법과
당신을 불안하게 만들지 않을 투자에 대한 가장 현실적인 방법,
이에 관한 모든 내용을 알려줄 예정이다.

이 현실적인 방법을 완성하기 위해서는
실천이 필요하고
실천하기 위해서는 시간을 쓸 때
방향 설정이 필요하다.

그 방향에 대한 첫 번째 질문은 바로
창업과 투자에 시간을

어떻게 분배해야 하는가에 대한 것이다.

나는 8:2를 제안한다.
즉 시간의 80퍼센트를 창업에 사용하고
나머지 20퍼센트를 투자에 사용하자.

최소한 자신이 쓸 수 있는 시간의 80퍼센트를 투자해야
제대로 된 창업이 가능하다고 믿는다.

다르게 말하면, 80퍼센트의 시간조차 투자하지 않고
창업을 통해 부자가 되는 길을 간다는 건
평범한 사람에게는 불가능하다.

양보하고 또 양보해도 내가 알려주는 방법에
당신이 투자해야 하는 시간의 최솟값은 8할이다.
대신 이 8할의 시간을 투자한다면
당신이 어떤 사람이든 창업을 시작할 수 있다.

그리고 남은 20퍼센트를 투자에 사용하자.
거듭 말하지만, 당신이 싸워야 할 가장 큰 적은

남의 말에 휘둘리고 남의 이야기에 매몰되는
당신 내면에 존재하는 불안이라고 생각한다.

남의 말을 듣고 그 말에 쏟는 시간이 많아지면 많아질수록
오히려 본질인 자신의 창업에 소홀해질 수밖에 없고,
그럼 부자가 되는 길도 멀어질 수밖에 없다.

당신이 남의 말을 따라 천만 원의 여윳돈을 투자해서
몇 개월 만에 수십 퍼센티지의 수익을 낸다고 하더라도
결국 몇백만 원이다.
이 금액으로 부자가 되는 것은 당연히 불가능하다.

게다가 나는 남의 말만 듣고 투자해 부자가 된 사례를
20년간 단 한 번도 본 적이 없다.
그런 곳에 당신의 유일한 도구인
시간의 대부분을 사용하는 것은 어리석은 짓이다.

명심하고 또 명심하자.
투자는 당신의 삶에 동기부여가 되어야 하지
삶의 방향타가 되어서는 안 된다는 사실을.

그래서 투자에는 20퍼센트의 시간만 써서
내가 알려준 방법으로 투자의 기본을 세우고
80퍼센트의 시간을 위한 영양제로 쓰길 바란다.

다음으로 8:2의 시간을 투자해서
창업도 투자도 내 것으로 만드는 방법을 소개하겠다.

창업에서 내가 알려줄 방법은 3F 법칙이다.
이 법칙은 12년간 수많은 평범한 사람과
부자를 상담하며 완성한 것이다.

이 법칙은 단순히 말뿐인 이론이 아니다.
수천 명의 평범한 사람과 상담하며 검증된
행동 중심의 실행 전략이다.

3F 법칙이란
1. FIND(찾다)
2. FORGE(쌓다)
3. FREE(자유롭게 하다)
이렇게 세 단계를 거치며,

평범한 사람이 부자가 되는 시스템을 갖추도록 돕는 구조다.
이 전략은 단순히 창업과 투자뿐만 아니라
삶의 모든 분야에 적용된다.

이 법칙을 기억할 때
반드시 외워두어야 하는 것은 '순서'다.

자신이 성공했던 방법을 강연으로 전하는 수많은 부자가
공통으로 하는 말은 사람들이 가장 듣기 좋아하는 말이다.
그래서 그들은 3F 법칙의 마지막 단계인 'FREE',
즉 '시스템' 단계의 이야기를 주로 한다.

적게, 자유롭게 일하며 많은 돈을 벌 수 있는
'시스템'이 있다고 유혹한다.
물론 그들 역시 각자의 방법론을 제시하지만
그 방법을 실행하는 사람의 99퍼센트는
실패하거나, 포기하게 된다.

한때 나는 그 방법이 왜 실패할 수밖에 없는지에 대한 이유를
아주 구체적으로 연구한 적이 있다.

인간의 심리, 뇌 구조, 행동 구조, 실행력 등등
수백 편에 달하는 자기계발과 관련된 책과 논문, 칼럼을 읽어봤다.
그 참고 자료 속에서도 각자의 결론이 달랐으니
각자가 주장하는 바도, 제시하는 방법도 달랐다.

그러나 책과 논문 따위에 담을 수 없는 실제 이유를
12년간 만났던 수천, 수만 명의 사람과 소통하며 깨닫게 되었다.

그리고 그 어떤 부자도 말하지 않았던 사실을 알게 되었다.
빠르게 부자가 되는 사람과 그렇지 못한 사람의 차이는
결국 '순서'라는 것을 말이다.

결국 3F의 순서를 지키고,
내가 말한 8:2 법칙으로 시간을 분배한다면,
당신은 창업도 투자도 모두 당신만의 도구로 삼을 수 있다.
그 도구가 평범한 당신을 부자로 만들어 줄 것이다.

시간을 어떻게 나눠야 하는지도
어떤 방법으로 임해야 하는지도 정해졌다.
이제 남은 건 당신의 실행이다.

그 방법을 알려주기 전에 당신을 행동하게 할
마음가짐을 먼저 말해보려 한다.
모든 행동은 마음가짐에서 출발하기 때문이다.
마음가짐에 관한 이야기부터 본격적으로 시작해 보자.

기대하라.
부자로 가는 당신의 여정은 이미 시작되었다.

미션 1

나의 유일한 자산인
시간을 점검하기

우리는 무엇인가를 시작할 때
늘 핑계처럼 입에 달고 사는 말이 있다.
"나는 시간이 없어."

그러나 정말로 우리에게 시간이 없을까?
아니, 더 정확하게 말하자면 우리가 시간값에 대해
단 한 번이라도 진지하게 고민한 적이 있을까?

자본주의 시대에 가장 많은 사랑을 받은 명언이 있다.

그것은 바로 '시간은 곧 돈이다'라는 말이다.
당신에게 지금 당장 많은 돈이 있지 않아도
창업을 할 수 있는 이유가 바로 여기에 있다.
우리는 돈이 아닌 시간을 통해 창업할 예정이기 때문이다.

결론적으로 우리는 우리의 시간을
가장 가치 있게 바꾸는 일부터 시작해야 한다.
그러므로 창업을 시작하기 전에
내가 당신에게 주는 첫 번째 미션은
바로 당신의 시간값을 스스로 측정하는 일이다.

시간은 누구에게나 공평하게 주어진다.
아무리 돈이 많아도, 아무리 돈이 적어도
정확하게 하루 24시간이다.
지금부터 그 24시간을 분석해 보자.

당신의 시간은 두 가지 유형으로 나눌 수 있다.
바로 '고정 시간'과 '유동 시간'이다.
고정적으로 반복되는 시간이란
일주일을 기준으로 반복되는 시간을 뜻한다.

예를 들어 수면, 출근, 업무, 퇴근, 식사, 육아, 운동 등이 될 것이다.
이 반복되는 시간을 30분 단위로 작성해서 모두 더해보자.

아직 미혼의 평범한 직장인이라면
평일 수면 8시간, 출근 30분,
업무 9시간, 퇴근 30분, 식사 1시간 30분.
대략 고정 시간으로 19시간 30분의 시간을 사용하게 된다.
그럼 하루 4시간 30분이 남는다.
주말은 업무 시간과 출퇴근 시간에 들어가는 시간을 쓰지 않으니
14시간 30분씩 남으며
이 모든 시간을 모으면 일주일에 무려 51시간 30분이 된다.
이 시간이 당신의 유동적 시간이며
이 시간이 당신이 부자가 되기 위해 사용해야 할 시간이다.

앞으로 당신은 이 유동적 시간을
의미 없는 쇼핑을 하거나
멍하니 SNS를 바라보며 사용하지 말고,
당신의 부를 축적하는 시간으로 사용해야 한다.

이 책을 읽으며 개인적으로 나는 당신이

최소 하루 2시간씩 일주일, 총 14시간이자
당신이 유동적으로 쓸 수 있는 시간의 약 4분의 1을
3개월 정도는 사용했으면 한다.
만약 하루 2시간의 유동적인 시간이 나오지 않는다면
고정 시간 중에서 줄일 만한 부분을 찾아보고
그만큼의 시간을 확보해야 한다.

내가 수천 명을 만나며 이 미션을 제안했을 때
자신에게 하루 2시간을 사용할 수 없던 사람은
단 한 번도 보지 못했다.
다들 처음에는 '시간이 없어요'라고 했지만,
막상 찾아보면 사용할 수 있는 시간은 반드시 존재했다.
그러니 당신도 지금 당장 자신의 시간을 기록해 보자.

이곳에서 발견해야 하는 것은
당신을 부자로 만들어주는 금맥이다.
다른 누군가가 아닌, 바로 자신만을 위한 시간이라는
금맥 말이다.

	평일	주말
00시		
00시 30분		
01시		
01시 30분		
02시		
02시 30분		
03시		
03시 30분		
04시		
04시 30분		
05시		
05시 30분		
06시		
06시 30분		
07시		
07시 30분		
08시		
08시 30분		
09시		
09시 30분		
10시		
10시 30분		
11시		
11시 30분		

12시		
12시 30분		
13시		
13시 30분		
14시		
14시 30분		
15시		
15시 30분		
16시		
16시 30분		
17시		
17시 30분		
18시		
18시 30분		
19시		
19시 30분		
20시		
20시 30분		
21시		
21시 30분		
22시		
22시 30분		
23시		
23시 30분		
24시		

① 평일과 주말에 사용하는 시간을 30분 단위로 작성해 보자.

② 평일에 남는 유동 시간을 작성해 보자. (24시간 - 고정 시간 = 유동 시간)

_____

_____

_____

_____

_____

③ 주말에 남는 유동 시간을 작성해 보자. (24시간 - 고정 시간 = 유동 시간)

_____

_____

_____

_____

_____

④ 일주일 동안 가장 많이 버려지는 시간(해도 되고 안 해도 되는 시간)이 언제인지 세 개만 작성해 보자.

_____

_____

_____

_____

Part 2

누구도 말해주지 않은
부자의 시작점

많은 것을 '하는' 사람이 아닌 '끝내는' 사람

괜찮은 '정장 한 벌'을
갖춰 입은 것처럼

20년간 투자를 공부하고 가르쳤던 나는
금융권 사업체에서 오프라인 강연 제안을 많이 받았다.
거기서 VIP 자산가를 위한 투자법을 가르치기도 했지만
금융 상품을 어떻게 팔아야 하는가에 대한
임직원 강연도 늘 뒤따랐다.

나는 그렇게 '영업'과 관련된 강의를 했고,
영업이 많이 필요한 곳 중 하나인

보험 회사에도 꽤 많은 횟수로 초대되었다.

보험 회사는 다른 금융사에 비해
입사의 문턱이 아주 낮다.
영업 일을 하겠다는 마음만 먹으면 입사가 가능한 수준이다.

그리고 낮은 문턱만큼 당연히 퇴사도 빨랐고, 많았다.
평균적으로 100명이 영업을 시작하면
2년이 안 되어 90명이 포기하는 수준이라고 생각하면 된다.

그런데도 영업을 아주 잘하는 소규모 보험 회사들,
대부분의 영업 사원이 월 700~1000만 원을 버는
보험 회사도 제법 존재했다.

어떤 조직은 월 100만 원을 벌어가지 못해
90퍼센트가 퇴사하지만
어떤 조직은 반대로 구성원들 90퍼센트가
월 700만 원의 소득을 올린다는 사실이 꽤 흥미로웠다.

그래서 높은 성과를 내는 조직의 특징을 살펴봤고

정장 한 벌을 갖춰 입으면
태도가 바뀐다.
그리고 태도는
실행력으로 이어진다.

놀랍게도 공통점이 존재했다.
무엇이었을까?

바로 '괜찮은 정장을 한 벌 맞추는 것'이었다.

고작 정장 한 벌로 소득의 격차가 생긴다고?
이상하게 생각할 수 있다.
그러나 이는 사실이다.

소득이 나지 않는 회사에 가보면 강연장에 들어온
사람의 옷차림은 평상복에 가까운 차림이었고
소득이 많이 나는 조직일수록 영업하는 대부분의 사람이
그럴듯한 정장을 입고 입장을 했다.

지금 이 글을 읽는 당신처럼,
처음엔 나도 그들이 많이 벌게 되고 나서
정장을 구매했다고 생각했다.
그러나 아니었다.

소득이 높은 조직의 리더들은 처음부터 그들에게

'근사한 정장 한 벌을 구매하라'라는 미션을 주었다고 했다.
그들의 논리는 이러했다.

"이제 당신은 학생이나 근로소득자가 아닌
어엿한 '사업가'다.
사업가는 옷차림에서부터 영업이 시작된다.
그러니, 격에 맞게 옷차림부터 바꾸시라"라는 뜻이다.

즉 사업가의 마음가짐을 강조하고
실제로 그들의 외모를 바꾸는 것이었다.

"지금 당신이 가진 직업이 아니라,
갖고 싶은 직업에 어울리게 입어라."
『훔쳐라, 아티스트처럼』의 저자로 유명해진
창의성 전문가 오스틴 클레온의 말처럼 말이다.

평상복을 정장으로 바꿔 입은 사람은 마음가짐도 바뀐다.
본인이 어엿한 사업가가 되었다고 믿기 때문이다.

물론 이들 모두 성과가 잘 나왔다고 생각하지 않는다.

그러나 성과가 나오는 사람의 90퍼센트 이상은
이 미션을 충분히 수행한 사람들이었다.

'마음가짐'이 바뀌면 태도가 바뀌고,
바뀐 태도는 곧 '실행력'으로 이어진다.
나는 이 책이 당신에게
그들의 정장과 같은 역할이 되었으면 한다.

스스로 끝낼 수 있을 때, 부자의 길은 시작된다

이 장의 이야기를 강연 사례로 시작했던 이유는
이젠 식상하게 느껴지는 '마음가짐'이라는 단어를
반복해서 말하기 위해서가 아니다.
마음가짐을 통해 실행력까지 갖추기 위해서다.
그래서 부자가 되기 위한 3F 법칙을 알려주는 그 첫걸음으로
이 마음가짐에 대해 이야기하려 한다. 그럼, 시작해 보자.

부자가 되는 방법을 가르치기 위해서는

부자를 정의해야 했다.
나는 부자를 단순히 돈의 크기가 아닌,
다른 무언가로 정의하고 싶었다. 그 이유는 간단하다.

지금 돈이 많다고 모두 부자라고 생각되지 않았고,
반대로 현재 돈이 적다고 하여 가난하다고
생각되지 않았던 사람도 아주 많았기 때문이다.
그리고 부자에 대해 다음과 같은 사실을 깨달았다.

부자란 'END 할 수 있고, AND 할 수 있는 사람',
즉 스스로 끝을 낼 수 있고
그로 인해 새로운 시작을 열 수 있는 사람이다.

여기서 END란
지금까지의 나의 행동, 나의 생각, 나의 태도를
돌아보고 잘못된 점은 인정한다는 뜻이다.
무엇이 문제인지 명확히 인지하며
그것이 잘못되었단 사실을 솔직히 인정할 때,
비로소 부자가 될 시작점이 만들어지는 것이다.
다음에는 지금까지 사람들을 상담하며

그들이 부자가 되어가는 과정에서
내가 제안하거나, 혹은 그들 스스로 인정하여 끊어냈던
다섯 가지 END를 알려주려고 한다.

만약 당신이 이 다섯 가지 END에 대해
"나도"라는 말을 당당히 할 수 있다면
축하한다.
당신도 이제 END를 할 수 있는 사람이다.

하나, 나는 부정적인 '관계'를 끝내는 사람이다

여기서 부정적인 관계란
나에게 부정적인 영향을 주는 사람이나 단체를 뜻한다.
한때 나에게도 "에이~ 네가 되겠어?"
"에이~ 네가 투자를 한다고?"
"투자자는 전문가들이 하는 거지, 네가 뭘 한다고"라고 말하며
나의 투자 공부를 방해하는 친구가 있었다.
대학을 졸업하고 그 친구와 자연스럽게 멀어졌지만
이제 이 친구는 '할걸', '살걸', '팔걸'이라고 말하는

투자 시장의 '걸무새'가 되었다.
그리고 지금도 남의 행복을 부러워할 뿐
자신의 삶은 여전히 가난하다.

이런 부정적인 관계를 스스로 끊어낼 수 있어야 한다.
부정적인 관계의 가장 무서운 점은 자신도 모르게
그들의 부정적 태도가 내게 스며든다는 것이다.

사람은 주변의 영향을 받을 수밖에 없는 존재다.
아무리 강한 결심도 주위에서 야유와 비판이 지속되면
무너지기 마련이다.
기왓장을 타고 한 방울 한 방울 떨어지는 물방울이
끝내 단단한 바위에 구멍을 내듯 말이다.
그래서 부정적인 관계를 끊어내는 일은
긍정적인 관계를 만드는 것 이상으로 중요하다.
아니, 그보다 훨씬 더 중요하다.

**열 명의 긍정적인 사람과의 관계에서 얻은 에너지를
한 명의 부정적인 사람에게 잡아먹히는 경우를
나는 살면서 많이 봤다.**

그래서 부자가 되기 위해 끊어낼 첫 번째는
부자가 되지 못할 거라고 말하는 주변 사람들이다.

둘, 나는 불필요한 '루틴'을 끝내는 사람이다

딱 하루만 자신의 메신저에 스스로 메시지를 보내서
나의 일과를 확인해 보자.
방법은 간단하다.
새로운 움직임이 있을 때마다 두세 단어로
자신이 지금 하고 있는 행동을 적으면 된다.
그렇게 하면 자신이 보낸 시간도 기록되니 집으로 돌아온 후
이 시간을 나열해 보면 된다.

예를 들어 아침에 일어나면 '기상',
출근을 하며 집 밖을 나설 때면 '출근',
회사에 도착하면 '도착',
담배 피우러 나가거나 커피를 마시게 되면 '담배' 혹은 '커피',
퇴근을 하게 되면 '퇴근', 집에 도착하면 '도착',
넷플릭스를 보게 되면 '넷플',

휴대전화를 보게 되면 '휴대전화'라고 단어만 써서 보내보자.
딱 하루만 작성해 보면 된다.

그렇게 시간을 정리했다면 이것을 두 종류로 나누어보자.
'고정 시간'과 '유동 시간'으로 말이다.
고정 시간이란 내가 반드시 써야 했던 시간이며,
유동 시간이란 내가 스스로 선택하는 시간이다.

미션 1에서 살펴본 것처럼 그 시간의 예는 아래와 같다.
고정 시간 = 회사 업무, 출퇴근, 식사, 수면 등
유동 시간 = 고정 시간을 제외한 모든 시간. 영화 보기, 산책하기 등

이렇게 나누고 생각해 보자.
당신이 사용한 유동 시간 중에
당신이 살고 싶어 하는 삶을 위한 시간이 있는가?

여기서 중요한 것은
내가 '무엇을 하는 데' 유동 시간을 사용했느냐가 아니라
내가 '무엇을 위해서' 유동 시간을 사용했느냐다.
만약 당신이 매일 하루 3시간의 유동 시간을

넷플릭스 시청에 사용했다고 가정해 보자.
당신의 꿈이 드라마 작가라면 이 유동 시간은
살고 싶은 삶을 위해 사용한 시간이다.
3시간이 아니라 모든 유동 시간을 이것으로 채워도 괜찮다.
당신은 아주 훌륭한 삶을 살고 있으니 말이다.
그러나 당신의 꿈이 사업을 하는 것이라면
이 유동 시간은 당신의 삶을 위한 시간이 아니다.
부자의 관점에서 보면 이 유동 시간은
당신이 낭비하고 있는 시간이다.

만약 유동 시간에 당신의 미래를 위한 시간이
단 하나도 없다면? 과연 미래가 바뀔 수 있을까?
이미 당신은 답을 알고 있다.

자신의 하루를 고정 시간과 유동 시간으로 나누는 일을
이번에는 딱 일주일 동안 살펴보자.
그러면 나의 유동 시간이 생각보다 비슷한 행동으로
반복되고 있음을 쉽게 눈치챌 수 있을 것이다.

가령 매일 한 시간은 유튜브를 시청하고 있든가,

일주일에 두세 번은 술자리를 하는 것 말이다.
그것은 내 삶 속 루틴의 일종이다.

마지막으로, 이 루틴이
내가 원하는 삶을 위해서 사용되는 루틴인지
아닌지를 구분해 보자.
그렇게 하면 당신에게도 보이게 된다.
당신의 삶에 존재하는 '불필요한 루틴'이 말이다.

평범하기에 가진 것이 시간밖에 없는 상황에서
유일한 도구를 얼마나 불필요하게 사용하고 있는지가
여실히 수치화되어 눈앞에 펼쳐지는 것이다.
이것을 끊어내야 한다.

그리고 그 루틴을 이제는 당신이 원하는 삶을 위한
루틴으로 바꿔야 한다.
바빠서 시간이 없다는 말을 입버릇처럼 하는 사람은
대부분 자신의 시간을 제대로 들여다보지 않은 사람이다.
기억하자. 온전히 나를 위한 루틴을 만들 수 있는 사람은
세상에서 오직 '나'밖에 없다는 사실을 말이다.

셋, 나는 '평범해서 안 돼'라는 말을 끝내는 사람이다

내가 상담하면서 가장 많이 듣는 질문은
"대표님, 저같이 평범한 사람은 뭘 할 수 있을까요?"이다.

20년 전, 나도 그저 평범한
4대 보험에 가입되어 120만 원의 급여를 받는
직장인이자, 야간에는 학교에 다니는
지방 사립대 대학생이었다.
평범하다는 말도 칭찬으로 들릴 정도다.

지금의 나는 나를 포함한
40대 자수성가 부자들을 많이 알고 있다.
그들 역시 나와 다르지 않았다.
20년 전에 평범하지 않았던 사람은 단 한 명도 없었다.
당신이 여기까지 읽었다면 아마 내가
이런 이야기를 할 거라 예상했을지도 모르겠다.

"평범해도 괜찮아. 힘을 내."
'평범해서 너는 안 될 것이지만 힘을 내보자'라는

위로를 건네는 이야기 말이다.
나는 오히려 반대로 말하고 싶다.
평범해서 괜찮은 것이 아니라,
평범하기 때문에 부자가 될 수 있는 것이라고 말이다.

나는 확신한다.
내가 지금의 성공을 거둘 수 있었던 이유는
'특별함' 덕분이 아니라 '평범함' 덕분이었다는 걸.

무슨 소리냐고?
오직 평범한 사람만이 평범한 사람의 이야기에
공감할 수 있다는 말이다.

평범한 사람은 97퍼센트의 사람을 뜻한다.
전체에서 97퍼센트의 시장이다.

평범하다는 것은 이미 97퍼센트의 큰 시장을
알고 있다는 뜻이다.
알고 있기 때문에 이해하기 쉽고
이해할 수 있기 때문에 공감할 수 있다.

평범하다는 건
97퍼센트의 시장을 이미
이해하고 있다는 뜻이다.

즉 평범한 사람은 가장 큰 시장을 쉽게 이해하고
그 시장이 원하는 가치를 쉽게 발견할 수 있는 사람이다.
'평범하기 때문에 안 된다'라는 말은 평범함이 가지는 가치를
돈으로 환산한 적이 없는 이들이 하는 말이다.

그래서 언젠가 당신도 이 책을 시작으로
평범함 속에 깃은 힘을 활용하여 성공한다면
당신 역시 나처럼 말할 것이다.
"평범했기 때문에 성공했노라"라고.

넷, 나는 감정적 '소비'를 끊어내는 사람이다

감정적 소비란
스트레스를 해소하기 위한 지출을 의미한다.
이 책을 읽는 대부분의 사람은 직장인일 것이고
직장에서 쌓이는 스트레스를 해소하기 위해
불필요한 소비를 하나쯤은 할 것이다.

가령 필요 이상으로 술을 마신다든지,

굳이 필요하지 않은 물건을 산다든지 하는 행동 말이다.
이런 소비를 끊어내야 한다.

10원도 쓰지 않고 버텨야 한다는 말일까? 아니다.
여기서 내가 강조하고 싶은 것은
여기서 내가 끊어내라고 하는 것은
당신이 지금 쓰는 '돈'이 아니라
그 돈을 쓰게 만드는 스트레스라는 '감정'이다.

돈을 버는 과정에서 어쩔 수 없이
스트레스가 쌓이는데 그것을 어떻게 끊어내라는 것인가?
매우 쉬운 방법이 있다.

'소비'라는 치료제가 아닌
'목적'이라는 치료제를 선택하는 것이다.

친구 중 한 명이 하이엔드 입시 컨설팅 서비스를 운영 중이다.
말 그대로 최고 부자의 자녀를 위한 입시 컨설팅 사업이다.
이 회사에 학부모 관리를 담당하는 직원이 한 명 있다.
옆에서 슬며시 살펴봐도

그분의 업무 스트레스는 장난이 아닌 듯이 느껴졌다.
오죽하겠는가.
값비싼 돈을 내고 자녀 교육을 맡기는 부모의 치맛바람이란!

그럼에도 그분은 항상 평온해 보였다.
처음에는 '타고난 성격이 좋아서인가'라고 생각했는데,
대화하고 보니 아니었다.

그분도 평범한 사람이고,
학부모의 과한 요구와 민감한 불만에
항상 스트레스를 받는다고 말했다.
하지만 스트레스가 그분의 감정을 지배하지 않는 이유는
본인 역시 언젠간 이 사업을 운영할 것이라는
목표가 있기 때문이었다.
그분은 이렇게 말했다.

"준비가 되면 이 입시 컨설팅을 나의 업으로 만들 거예요.
결국 이 사람들도 고객으로 만들어야 하겠죠.
지금은 응대를 실수하거나 잘못해도 고객을 잃지 않아요.
설사 잃는다 하더라도 내가 책임지지 않아도 되죠.

그러면서 하나씩 배우는 거잖아요.
'괴팍한 부모들이 이런 요구를 할 땐
이렇게 대처하면 되는구나'를 말이에요.
그것도 리스크나 손해 없이, 심지어 급여를 받아 가면서 말이죠!
사업을 위한 자금도, 사업에 꼭 필요한 경험도
나는 이 일을 통해 안정적으로 쌓아가고 있는 거예요.
그렇게 생각하면 스트레스받을 일이 아니라 고마운 일이죠."

그분이 스트레스라는 감정을 이길 수 있었던 것은
그분의 성향이나 정신 수련 때문이 아니었다.
목적이 있었기 때문이다.
언젠간 자기 사업을 하겠다는 확실한 목적 말이다.

당신도 마찬가지다.
감정적 낭비를 막는 가장 명확한 방법은
그 일을 하는 자기만의 확실한 목적을 가지는 것이다.

확실한 목적에는
모든 과정에서 오는 고난을 이겨내는
힘이 숨어 있음을 기억해야 한다.

그리고 그 목적이란 앞서 말했던
언젠간 당신이 해야 하는 창업이다.

이분의 사례처럼 하고 있는 일이 곧 창업으로 연결되면 좋지만
지금 하고 있는 일이 굳이 업으로 연결되지 않아도 괜찮다.
왜냐하면 적어도 지금 하고 있는 일 덕분에
훗날 창업을 위한 시드머니로 쌓여가고 있기 때문이다.

지금 내가 하는 일 덕분에
훗날 해야 하는 일의 기본이 쌓이고 있다는 확신을 가지면
감정적 소비를 자제할 수 있게 된다.

만약 당신이 추후 다른 업을 꿈꾸고 있고
지금 하는 일을 통해 오직 시드머니만 쌓고 있다면 더욱 그렇다.

이 일이 내 미래의 업을 이루는 데 있어
오직 돈을 모으는 일에만 도움을 주고 있다면
당연히 그 돈을 함부로 쓰지 말아야 하는 것 아니겠나!

그렇게 감정적 소비를 스스로 끊어냄으로써

많게는 훗날 업을 위한 경험을
적게는 훗날 업을 위한 시드머니를 만들어낼 수 있어야 한다.
이 모든 것들은 목적을 이용해 스트레스를 치유하고
감정적 소비를 막을 때에라야 가능해진다.

목적 없이 하는 일이
'시간 〉 돈 〉 감정적 소비
→ 시간도 돈도 모두 제자리'라는 악순환을 반복시킨다면,
목적을 가지고 하는 일은
'시간 〉 돈 〉 목적을 통한 감정적 소비 절제
→ 목적에 필요한 경험 & 시드머니가 쌓임'이라는
선순환을 만들어내는 것이다.

지금까지 당신을 제자리에 있게 만든 것은
시간과 돈의 악순환이 반복된 '감정적 소비'다.
이것을 끊어낼 수 있는 사람은
자신을 위한 선순환을 만들어낼 수 있는 사람이며
이 모습이야말로 지금부터 당신이 되어야 할 모습이다.

다섯, 나는 '나중에'라는 말을 끝내는 사람이다

과거의 나에게는 버릇 같은 말이 있었다.
'나중에'.

나에게 '나중에'는 '거짓이 되어버리는 약속'과 같았다.
결국은 '하지 않음'으로 끝났고,
이 약속을 지키지 않았던 나는 무의식적으로 자신을 괴롭혔다.
'나중에 하지 뭐.'

아마 당신도 과거의 나처럼
머리로는 알고 있는 수많은 것들을
이렇게 미루고 있을 것이다.
물론 그 많은 것들을 지금 당장 모두 찾아내서
시작하라는 말은 하지 않겠다.
다만 하나씩, 한 번씩 '나중에'란 말을
'지금' 혹은 '오늘'로 바꾸는 연습을 해야 한다.
'지금 하지 뭐', '오늘 하지 뭐'라고 말이다.

여기에 한 가지 조언을 주자면

오늘 당신이 미룬 일에는
보석 같은 기회가 숨어 있다.

"나중에 하지 뭐, 이건 넘어가자"

**내가 하기 싫은 일에 지금과 오늘을 붙이려 하지 말고
내가 하고 싶은 일에 지금과 오늘을 붙여보라는 것이다.**

가령 '지금 운동하지 뭐', '오늘 운동하지 뭐'와 같은 결심은
평범한 사람이 쉽게 할 수 없다.
대부분의 사람에게 운동은 하기 힘든 일이고
하기 싫은 일이기 때문이다.

많은 자기계발서에서 오늘 당장 시작하라고 말하지만
정작 사람들이 쉽게 그렇게 하지 못하는 이유가
여기에 있다고 생각한다.

그들이 '지금 하라'라고 하는 일들은
대부분 하기 싫은 일이기 때문이다.
아침에 일찍 일어나는 것, 매일 신문을 보는 것,
메모 습관을 지니는 것.
분명 하면 좋지만 당장 하기엔 귀찮고 힘든 일이다.

하지만 하고 싶었던 일이라면 이야기는 달라진다.
예를 들자면 이런 식이다.

가장 최근에 고마웠던 사람이 있는가?
읽던 책을 잠시 뒤로하고 전화 한 통,
아니 문자 한 번 해보는 건 어떤가?
'나중에 하지 뭐'가 아니라 '지금 하지 뭐!'로 바꾸기 쉬울 것이다.

왜냐하면 이건 하고 싶은 일이기 때문이다.
평소 가보고 싶었던 카페에 방문하는 것도,
평소 보고 싶었던 영화를 시청하는 것도 모두 마찬가지다.
그런 일들부터 시작해 보자.
그렇게 하다 보면 하기 싫은 일이라도
필요하다면 그 앞에 '지금'이란 단어를
서서히 붙일 수 있게 될 것이다.

'나중에'를 '지금 당장'으로 바꾸는 일은
단순히 마음가짐을 바꾸는 행위가 아니다.
내 인생에 실행력이란 무기를 불어넣는 행위다.

지금까지 다섯 가지 END를 보았다.
이 다섯 가지에 당신의 모습이 있는가?
꼭 다섯 가지 모두가 아니라도

몇 가지의 모습이 있다면 그것을 END 해야 한다.
그러고 나면 자연스럽게 그다음 AND가 보일 것이다.

**왜냐하면 부자의 AND란
어떤 새로운 것이 아니라, 기존의 잘못됨을 끊어냈을 때
비로소 보이게 되는 '그다음'이기 때문이다.
즉 기존의 것을 토대로 업그레이드한 것이라는 소리다.
그래서 부자란 전혀 새로운 곳으로 탐험하는 자가 아니라
기존의 곳에서 새롭게 개척하는 자다.**

지금 자신이 있는 곳과
전혀 동떨어진 어떤 곳을 향해 무작정 떠나는 자가 아니라
지금 자신이 있는 곳에서 시작해
조금씩 새로운 영역으로 이어나가는 자인 것이다.

부자들이 가지고 있는 다섯 가지 END를 돌아보자.
나는 부정적인 **관계**를 끝내는 사람이다.
나는 불필요한 **루틴**을 끝내는 사람이다.
나는 '**평범**해서 안 돼'라는 말을 끝내는 사람이다.
나는 감정적 **소비**를 끝내는 사람이다.

나는 '나중에'라는 말을 끝내는 사람이다.
그리고 여기에서 자연스럽게 다음을 생각해 보자.

나는 부정적인 관계를 끝낸 사람이다. 그리고
나는 이제부터 긍정적인 관계를 연결할 사람이다.

나는 불필요한 루틴을 끝내는 사람이다. 그리고
나는 이제부터 내 삶에 필요한 루틴을 만들 사람이다.

나는 '평범해서 안 돼'라는 말을 끝낸 사람이다. 그리고
나는 이제부터 평범함이 무기가 되는 사람이다.

나는 감정적 소비를 끊어내는 사람이다. 그리고
나는 이제부터 목적으로 가치를 만들어낼 사람이다.

나는 '나중에'라는 말을 끝내는 사람이다. 그리고
나는 이제부터 '오늘'이라는 말로 실행해 나갈 사람이다.

어떤가? END를 끝내면 삶의 마음가짐이
자연스럽게 새로운 AND로 이어진다.

지금까지 부자의 END와 AND에 대해 알아보았다.
이제 3F 법칙을 통해, 자신의 업을 일으키면서
동기부여가 되는 투자까지 해나갈 여러분에게
이 부자의 태도가 자연스럽게 녹아들길 희망한다.

이제부터 당신이 해야 하는 것은 긴 호흡의 여정이다.
그 호흡이 길을 잃지 않기 위해 마음가짐이란 나침반을
모두 하나씩 마음에 품기를 기대한다.

이제 준비는 끝났다.
지금부터 부자의 길을 걸어보자.

미션 2
끝내야 할 다섯 가지,
더해야 할 다섯 가지

우리는 무언가를 새롭게 시작하고 싶을 때
'무엇을 해야 할까?'부터 고민한다.
그러나 진짜 중요한 질문은
'지금 내 삶에서 끝내야 할 것은 무엇인가?'다.
그 이유는 우리가 하루 24시간이라는
한정된 시간 안에서 살고 있기 때문이다.

새로운 것을 AND 하기 위해서는
반드시 기존의 무엇인가를 END 해야 한다.

남는 에너지 없이 계속해서 새로운 것을 시도하면
결국 포기하게 된다. 그러면 성장하지 못한 채
'바쁨'에 갇히고 만다.

실제로 내가 만나본 진짜 부자들은
언제나 '무엇을 끝낼 것인지'를 먼저 정의하고
그 자리에 '가치 있는 새로운 루틴'을 넣는다.
그래서 그들은 늘 '무엇을 더할까?'보다
'무엇을 덜어낼까?'를 먼저 물었다.
그것이 곧 삶을 경영하는 방식이고 돈을 설계하는 전략이었다.

마찬가지로 당신도 삶을 경영해야 한다.
당신의 하루는 당신의 인생을 결정하는 최소 단위다.
그 하루를 구성하는 요소들이
'자산이 되는가', 아니면 '소모되는가'를 살펴야 한다.
END와 AND는 그 행동에 따른 시간값을
당신에게 축적되는 자산으로 바꾸는 첫 번째 행동이다.

아래는 실제 많은 사람이 적어준 END와 AND의 항목이다.
본인의 삶과 비교하며 자신만의 리스트를 작성해 보자.

END(그만두기)	AND(시작하기)
밤늦게까지 유튜브 시청	아침 글쓰기 30분
핑계로 미루는 독서	하루 10쪽 책 읽기
의미 없는 인간관계 유지	멘토와의 연락
SNS 눈팅	주간 계획표 작성
무목적 소비 습관	5000원이라도 주식 사보기
아침 알람 두세 번에 일어나기	한 번에 일어나서 이불 정리
하루 종일 주식 보기	정확한 시나리오 아니면 매매하지 않기

오늘 조용한 공간에서 15분만 시간을 내보자.

그리고 다음 질문에 대한 답을 종이에 손으로 써보자.

① 지금 내 삶에서 반드시 끝내야 할 다섯 가지 행동, 습관, 관계는 무엇인가? (END 다섯 가지)

_____

_____

_____

_____

_____

② 그 자리에 내가 새롭게 더하고 싶은 다섯 가지 루틴, 기준, 목표는 무엇인가? (AND 다섯 가지)

_____

_____

_____

_____

_____

Part 3

나의 업을 찾는
3F 행동 모델

선언하고, 쌓아가고, 연결하라

부자를 만드는
비밀의 설계도, 3F 법칙

부자가 되기 위한 모든 행동을
3F 법칙을 기준으로 당신에게 설명하려 한다.

3F 법칙을 만들고 나서 나는 지난 5년간 만나왔던
자수성가한 여러 지인의 삶에
이 법칙이 들어맞는지를 대입해 보았다.
그리고 부자가 되기 위한 길을 걸었지만 실패한
다른 사람들의 삶도 이 법칙을 적용해 보았다.

놀라운 사실은 부자가 된 대부분의 지인이
알게 모르게 이 법칙의 순서대로 길을 걸었고
실패한 이들은 이 법칙의 순서대로 길을 걷지 않았다.

물론 8퍼센트 정도의 확률로
이 길을 걷지 않고서도 부자가 된 친구도 분명 존재했다.
그러나 거기에 속한 친구는 평범하지 않았다.
대부분 엄청난 끼가 있거나 엄청난 배짱이 있거나
둘 중 하나였다.

그 외의 모든 자수성가한 부자들
그리고 부자가 되어가고 있는 친구들은
무의식중에 이 법칙 속에서 움직이고 있었다.

아마 당신도 이 책을 읽으면
당신이 떠올리는 자수성가의 주인공이
어떤 과정에서 부를 얻었는지 이해할 수 있을 것이다.

그들이 왜 이런 행동을 하고, 이런 광고를 하며, 이런 소개를 하는지
이 사람은 지금 3F 법칙에서 어디쯤 위치하고 있으며,

앞으로 이 사람이 어떤 행동을 할 것인지도 말이다.

나 역시 지난 20년을 돌아보니
내가 일하고 있는 모든 분야에서 3F를 활용하며 성장했고
지금도 이 법칙을 활용하며
매년 새로운 창업과 투자 활동을 이어가고 있다.

3F 법칙은 모든 분야에서 활용할 수 있기에
가장 큰 틀에서 3F 법칙을 간단히 살펴보도록 하자.

1단계: FIND - 찾고 배우는 단계
이 단계는 말 그대로 '무엇을 해야 할지 찾고 배우는 과정'이다.
다르게 말하면 스스로에게 질문하여
자신만의 답을 찾아가는 단계다.
이 과정이 끝나면 세상이 뭐라고 하든 내가 해야 하는 일,
내가 할 수 있는 일, '나만의 해답'을 발견할 수 있게 된다.

2단계: FORGE - 쌓고 반복하며 구축하는 단계
이 단계는 '내가 찾은 답을 자산으로 쌓아가는 과정'이다.
무언가를 안정적으로 쌓아가기 위해서는 반복이 필요하다.

그래서 이 단계는 시간을 가장 많이 쓰는 단계이기도 하다.
인내해야 하는 단계인 동시에,
자신을 가장 많이 믿어야 하는 단계이기도 하다.
1단계에서 발견한 자신의 답에 확신을 갖고 있을수록
이 단계를 버티는 힘이 강력해진다.

3단계: FREE – 확보하고 확장하는 단계
이 단계는 2단계에서 쌓은 자산을 활용하여
'자신의 시간에서 자유로워지는 단계'다.
1단계에서 자신이 찾은 답을
2단계를 거치며 행동으로 자산화했다면,
이제 당신에게 시간은 유일한 도구가 아니게 된다.

부자의 시작점에 선 당신은 시간을 제외하고도
능력, 자본, 판단력 따위의 여러 도구가 생겼을 것이다.
다양한 도구가 생긴 만큼 시간적 여유가 만들어지고
확보한 그 시간으로 더 나은 가치를 얻을 수 있는 단계다.

간단하게 말해 '시간을 확보하고,
다시 시간으로 확장해 나가는 단계'라 볼 수 있다.

3F 법칙을 처음 소개할 때 간단하게 말했듯이,
이 모델을 따르는 데 있어 반드시 기억해야 하는 것은 '순서'다.
빠르게 부자가 되는 사람과 그렇지 못한 사람의 차이는
결국 '순서'에 있다.
즉 첫 번째 단계를 완성해야 두 번째 단계의 방법이 보이고,
두 번째 단계를 완성했을 때
세 번째 단계를 시작할 자격이 생기는 것이다.

걸음마도 떼지 못한 사람에게 뛰라고 말하면
뛰기는커녕 걷기조차 포기하게 되기 마련이다.

사실 나는 이 이야기를 전작인 『돈은, 너로부터다』를 통해
'근접전'이라는 단어로 표현하며 자세하게 다루었다.
『돈은, 너로부터다』도 많은 이의 사랑을 받았지만
한 가지 아쉬웠던 점은 그 책이
이미 FIND를 끝낸 사람의 이야기로 시작했다는 것이다.

또한 소설로 알기 쉽게 표현해
읽었을 때는 재미있고 잘 이해가 갔지만,
정작 본인이 스스로 실행하려고 하니

막막함을 느끼는 경우가 많았다는 피드백을 받았다.
실제로 그 책을 읽고 온 사람들이 나를 찾아와
가장 많이 했던 질문은 두 가지였다.

"대표님, 인우(『돈은, 너로부터다』 소설 속 주인공)는
세차 일을 어떻게 시작한 거예요?"
"대표님, 인우의 이야기를 제 삶에 적용하기엔 조금 애매해요.
제가 어떻게 해야 할까요?"

그래서 아주 평범한 사람을 위해
극히 현실적인 방법을 만들기로 했다.
처음부터 자신 안의 것을 하나하나 찾아가는 일에서 시작해
이론이 아닌 행동으로 바로 실천할 수 있고
무엇보다 도중에 포기하지 않고 순서대로 해나갈 수 있도록
3F 법칙을 만든 것이다.

복잡한 이야기 같지만,
당신은 지금 이 순간 이것만 기억하면 된다.
3F 모델은 당신을 행동으로 이끌
극현실적인 성공 모델이라는 사실과

이 모델의 순서에 맞춰 단계별로 진행해 나가는 것이 가장 중요하다는 사실을 말이다.

시장에 휘둘리지 않고 스스로 걸어갈 이 길을 통해서 당신의 삶이 바뀔 거라고 나는 확신한다.

당신이 가장 많은 시간을 투자해 만들어갈 창업의 길, 당신이 최소한의 시간을 투자해 만들어갈 투자의 길, 남이 아닌 오직 당신을 위해서 준비된 길.

이제, 그 첫 번째 길 '창업'에 대해서 알아보자.

창업의 3F = 당신을 세상에 소개하라

창업에서의 3F를 간단히 설명하면 다음과 같다.
창업에서 FIND란 자신의 본질을 찾는 것이다.
내가 어떤 가치를 줄 수 있는지, 나의 어떤 가치를 상품화시켜 서비스를 제공해야 하는지를 찾는 단계다.

여기에서 가장 중요한 것은 해석이다.
'자기가 지금까지 사용한 시간에 대한 해석' 말이다.
나의 가치도, 내가 팔 상품도

결국 내가 지금껏 사용했던 시간 속에 숨어 있다.

창업에서의 FORGE란 자신을 세상에 알리고 브랜딩하는 것이다.
내가 줄 수 있는 가치가 정해졌다면
이제 그 가치를 세상에 알리는 것이 이 단계의 시작이다.
세상에 알리고 난 후에는 사람들의 구매로 이어져야 한다.
이때 구매를 결정하는 사람은 상품의 가치가 아닌,
나에 대한 신뢰를 바탕으로 구매 결정을 내리게 된다.
그 신뢰는 다른 말로 브랜딩이다.
그 신뢰를 만드는 단계가 이 단계의 중간 지점이다.

즉 FIND 단계에서 나에 대한 업은 정해졌지만
그 업에 대한 나의 이야기를 세상은 아직 알지 못한다.
여기는 그것을 쌓아가는 단계, 즉 브랜딩하는 단계다.

예를 들어 블로그에 자신이 전할 가치를 매일 하나씩 쓴다거나
유튜브 채널을 만들어 관련 영상을 꾸준히 올리는 일이
이 단계에 속한다.
이 과정이 쌓여 자신에 대한,
혹은 자기 업에 대한 신뢰가 쌓여야 한다.

이 단계의 끝은 시장이 당신에게 먼저 찾아와
거래를 제안하는 순간, 혹은 당신의 소득이
월 천만 원을 넘기는 순간이다.
즉 FORGE 단계는 당신이 만든 업을 일관성 있고
지속성 있게 시장에 전달하여 결국 시장이 먼저 당신에게
월 천만 원의 소득을 만들어줄 때까지 반복해야 한다.

창업에서 FREE란 나의 업을 시스템화하는 것이다.
혼자 자신을 발견하고 자신의 업을 발견하는 시간,
혼자 자신의 업을 시장에 꾸준히 알려왔던 시간,
즉 혼자서 모든 걸 하던 시기를 넘어
자동화, 위임 등의 시스템 구조를 만들면서
그간 투입된 나의 시간을 빼내는 것이다.

예를 들어서 하루 10시간을 사용하여
월 천만 원의 소득을 꾸준히 만든 사람이라면
그 사람의 1시간은 100만 원의 가치가 있다.
하지만 이를 자동화 구조로 만들어서 그간 했던 일을
여러 사람이 대신 하게 만든다고 생각해 보자.
그리고 인건비가 500만 원 나간다고 가정해 보자.

인건비만큼 수익은 줄어들 것이다.

그런데 한편으로는 사람을 고용했기 때문에
하루 10시간 사용했던 일을 이제는
하루 2시간만 사용하게 되었다고 해보자.
당신은 이제 하루에 2시간만 일해도
월 500만 원의 소득을 벌 수 있게 되었고
당신의 1시간은 250만 원의 가치를 지니게 되었다.

이 과정에서 스스로 만들어낸 8시간의 여유 시간을 활용해
다른 사업을 시작할 수도 있을 것이고,
다른 분야를 배울 수도 있을 것이다.
즉 시스템을 이용해 내 시간을 확보하고,
다른 방향으로 확장할 수 있는 것이다.

지금까지 큰 틀의 3F 법칙에 대해서,
창업의 3F 법칙이 적용되는 방식에 대해서 설명을 마쳤다.
지금부터는 본격적으로 당신의 창업을 시작해 보자.

남의 일 말고
나의 일 찾기

FIND 단계는 자신의 업을 발견하는 단계다.
지금 당장 창업을 해야 하는 상황을 가정해 보자.
아마 당신이 가장 먼저 떠올리는 고민은 이와 같을 것이다.

'어떤 창업을 할까? 음식점을 해볼까?
음식점이라면 뭐가 좋을까? 양식? 한식? 일식?
조금 가볍게 카페를 해볼까? 개인 카페? 아니면 프랜차이즈?
물건을 파는 장사를 시작할까? 목이 좋은 장소에서 상점을 열까?

아니면 온라인 스토어를 만들까?'
즉 창업의 종류를 고민한다.

하지만 그렇게 고민하다 보면 결국 아무런 선택을 하지 않게 된다.
왜냐하면 단 한 번도 창업을 생각하지 않은 상태에서
갑자기 창업을 하라고 하면, 주위에서 들었던
수많은 선택지를 떠올리게 된다.
시장의 정보 속에서만 헤매게 되는 것이다.

간혹 재테크 스터디에 강연을 나가게 되면
나는 반드시 이 질문을 한다.
자신이 어떤 창업을 할 것인지 생각해 보라고 말이다.
다들 한참을 고민하다 이렇게 되묻는다.
"저는 무엇을 해야 할지 모르겠어요."
"지금 어떤 걸 창업해야 가장 돈을 많이 벌까요?"
그럴 때마다 이 난관을 극복하는 아주 간단한 방법을 알려준다.
창업에 대한 사고의 방향을 바꾸는 것이다.

사전에서 '창업'을 찾아보면, '사업을 처음으로 시작하는 것'이다.
'사업'이란 '영리'를 목적으로 하는,

스스로 행하는 '경영 활동'을 뜻한다.
결국 '창업'이란 '돈을 벌기 위해 나 자신이 시작하는 어떤 일'이다.
대부분의 사람은 여기에서 '어떤 일'에 주목한다.
그래서 생각의 방향이 저렇게 흘러가는 것이다.

이번에는 고민의 방향을 '어떤 일'이 아니라
'나 자신'으로 설정해 보자.
어떤 것을 해야 하는가를 고민하지 말고,
내가 지금까지 무엇을 해왔는지,
지금은 무엇을 하고 있는지부터 생각해 보자는 것이다.

지금 내가 매일 반복하고 있는 일은 무엇인가?
누군가에게 어렵지 않게 해줄 수 있는 일은 무엇이 있는가?
남들이 "넌 이런 걸 잘하네"라고 말했던 일은 무엇인가?

자신의 과거를 떠올리며 이와 같은 질문을 하다 보면,
어느 순간 나만의 가치를 찾아낼 수 있다.
거기서부터 자신의 창업을 하나씩 설계해야 한다.

창업에서 '업'이란 글자에 대해 생각해 본 적이 있는가?

업은 불교 용어로 말과 생각, 행동 따위가 만드는
인과관계를 의미한다.
쉽게 말해 업이란 과거로부터 생겨난,
'나'라는 사람의 모든 발자취가 이어져 만들어진
현재의 어떤 상태를 뜻하는 것이다.

창업도 마찬가지다. 과거의 모든 발자취로부터 이어져 온
자신의 어떤 것을 발견하고 이를 일으키는 것을 의미한다.

그래서 우리는 이미 내 안에 존재했고, 지금도 존재하는
과거와 현재의 행동, 경험, 상황에서 창업을 출발해야 한다.

예를 들어 설명해 보자면 이렇다.

1. 육아하는 40대 엄마 ▶ 평범한 주부, 두 아이 독박 육아

이 사람은 '육아만 해서 아무것도 못 한다'라고 느낄 수 있다.
하지만 육아 과정에서 배우는 게 많다.

- 아이 발달 문제
- 육아 스트레스 관리법
- 정부 지원금, 어린이집 정보

이 내용을 정리해 블로그에 올리면 어떻게 될까?

육아하는 엄마들에게 실질적 정보가 된다.
그 순간 '정보를 주는 엄마'라는 업이 생긴다.

2. 10년 직장인 사례 ▶ 매일 똑같이 출퇴근하는 평범한 회사원
하지만 회사에서 자연스럽게 쌓아온 노하우가 많다.
- 기획안을 쓰며 배운 보고서 작성법
- 동료와 협업하며 익힌 소통 방법
- 매달 월급을 관리하며 깨달은 재테크 노하우

이 주제를 글로 정리하거나,
짧게 영상으로 풀어내면 어떤 일이 생길까?
직장인을 위한 생산성 관리자, 돈 관리 상담사가 될 수 있다.

3. 배달 알바생 사례 ▶ 하루 12시간 배달을 뛰는 청년
배달을 하며 알게 된 배달 시장의 문제점, 고객 불만,
각 플랫폼 장단점 등을 꾸준히 기록하면 어떨까?
배달 업계가 개선해야 할 문제점이 떠오를 수도 있고
창업 아이템을 발굴하거나
심지어 자신의 경험을 바탕으로 책을 낼 수도 있다.

위 모든 사례는 모두 평범한 사람을 컨설팅하여

스스로 창업을 하게 만든 결과물이다.
과거로부터 만들어온 자신의 말, 생각, 행동 따위에서
스스로 만들 수 있는 가치를 발견하는 것이다.
그리고 이 방식이라면 누구나
창업을 위한 씨앗을 만들어낼 수 있다.

과거가 없는 사람은 없다.
그 시간을 아무 생각 없이, 아무 행동 없이 흘려보낸 사람도 없다.
심지어 최근에는 조직폭력배, 화류계 종사자, 일진 등
어두운 과거나 불법적인 일을 활용해서
자신을 브랜딩하고 그 이야기를 상업화하기도 한다.
그것이 옳다는 것은 절대 아니다.
다만 그런 어두운 과거조차 자신이 어떻게 하느냐에 따라
시장이 원하는 가치로 바뀌는 세상이라는 말이다.

즉 누구나 자신의 과거에서
창업하기 위한 자신의 가치를 발견할 수 있다.

명심하자. 모두의 삶에는
자기가 시작할 수 있는 '업'의 씨앗이 있음을.
'나에겐 그런 것이 없다'라는 생각은 틀렸다는 것을 말이다.

그저 당신 스스로가 아직 발견하지 못했을 뿐이다.
그리고 이 책은 그런 당신을 돕기 위해 시작되었다.

많은 창업 컨설턴트나 전문가는 하나같이 입을 모아 이야기한다.
"시장이 원하는 것을 찾아보세요."
"시장의 숨겨진 욕구에 대박 창업이 숨어 있습니다"라고.

물론 이 말이 틀린 건 아니다.
어찌 되었든 우리가 해야 하는 일은
시장에서 무언가를 팔아 돈을 버는 것이기 때문이다.
다만 계속 강조하였던 '순서'가 잘못되었다.

시장이 원하는 것을 찾고 시장의 욕구를 알아내기 전에
자신이 어떤 것을 해온 사람이고
어떤 가치를 세상에 줄 수 있는 사람인지를
먼저 알아야 하는 것이다.

수익이란 대어를 얻기 위해서
시장이란 바다에다 낚싯줄을 던지기 전에
낚싯바늘 안에 끼울 '자기'라는 미끼를 먼저 찾아야 한다.

내가 진정으로 원하고, 만들어낼 수 있으며,
경쟁 우위가 높은 나만의 가치에 먼저 집중해야 한다.
즉 시장이 아닌 나에게서 가치를 발견하는 것.
이게 FIND 단계에서 당신이 내디뎌야 할 첫걸음이다.

처음으로 써보는
'오직 나'를 위한 자기소개서

그럼 어떻게 해야 '나'라는 사람을 더 깊게 알아볼 수 있을까?
가장 효과적인 방법은 자기소개서를 작성하는 것이다.

자기소개서.
살면서 취업할 때 한 번쯤 써봤을 것이다.
그조차도 절반의 거짓과 절반의 진실,
말 그대로 '취업'을 위해 작성했을 것이다.
'뼈를 묻을 각오로',

'평생 회사에서 성장하겠습니다' 등의 이야기로 말이다.
그런 당신에게 이번에는 자신에게 솔직한 진짜 이야기를
글로 옮겨볼 것을 제안한다.

'사실 나는 취업하기 싫었지만, 돈이 필요해서 취업했다',
'사실 나는 더 높은 연봉을 위해 이 업종을 선택했다' 등
지금 자신의 진정한 모습과 마주하는 자기소개서를
작성해 봐야 한다.

그럼 어떻게 작성해야 할까?
나는 태어나서 지금까지 기억나는 순간을
모두 작성하라고 제안한다.
초등학생 이전, 초·중·고등학생, 대학생,
사회 초년기, 결혼, 육아, 은퇴 이전, 이후 모두 말이다.

그때그때 내가 기억나는 순간들, 어릴 때 부모님이 다퉜던 순간,
학창 시절 내가 좋아했던 것, 그 당시 공부에 관한 생각, 첫사랑,
첫 취업을 했던 순간, 실제 사회생활을 하며 느낀 점,
결혼을 선택한 순간, 실제 결혼 생활,
육아를 하면서 알게 된 점, 그 이후의 삶을 적으면 된다.

어떤 주제로 글을 적든 상관없다.
기억나는 순간이 있으면 그냥 순서와 상관없이 작성하면 된다.
그렇게 완성된 자소서를 천천히 읽어보면
자신의 가치를 발견할 수 있게 된다.

남도 아닌 나를 온전히 스스로에게 소개하는 시간은
인생을 살면서 반드시 한 번은 필요한 시간이다.
그리고 이쯤에서 다시 한번 상기하자.
3F 법칙은 이론이 아니라
실행으로 만들어지는 행동 유도 모델이란 사실을.
그래서 머릿속에만 넣어두면 아무런 가치가 없다.
내가 말하는 모든 것들은 '하고', '안 하고'에서 성과가 결정된다.

살다 보면 우연히 다시 마주하게 되는 독자들이 있다.
"대표님, 저는 무엇을 해야 하는지 모르겠어요"라고 질문하며
이야기를 나눴던 독자들 모두에게
나는 지금까지 말한 내용을 알려주고
자기소개서를 작성해 보라고 제안했다.

몇 년 뒤 그들을 다시 마주하게 되면 나는

"요즘은 뭐 하고 지내세요?"라고 반드시 물어본다.
그중에는 여전히 "대표님, 저는 무엇을 해야 하는지
모르겠어요"라고 답을 하는 분들이 있다.
아직 모르겠다는 그들에게 내가 되묻는 질문은 딱 하나다.
"자기소개서 써봤어요?"
돌아오는 대답의 90퍼센트 이상은 "아니요"였다.
결국 '하고', '안 하고'의 차이다.

세 번째로 쓴 책 『돈은, 너로부터다』를 펴내고
첫 번째 북 콘서트 현장에서
추첨을 통해 두 명의 사람을 따로 만나 컨설팅해 준 적이 있다.
그때 한 60대 여성분이 당첨되었다.
첫 만남 자리에서 그분은 삶에 대한 불안을 이야기했다.

"대표님, 저는 평생을 가정주부로만 살았고
나이도 이제 60이 넘어서 정말 하고 싶은 일도,
할 수 있는 일도 없는 것 같아요.
돈을 벌고 안 벌고를 떠나서
이렇게 남은 수십 년을 똑같이 살아간다는 게
너무나 아쉽다는 생각이 들어요."

2주 뒤에 미팅을 다시 하기로 하고, 다음에 만날 때
자기소개서를 작성해서 가지고 와달라고 했다.
2주 후 그분은 자기소개서를 가지고 왔다.
그것을 읽고, 묻고, 답하는 사이에 나는
그분만이 가진 기가 막힌 본질 하나를 발견해 냈다.
내용은 이러하였다.

상담을 오셨던 이분과 남편분의 키가 상당히 작았다.
155~165센티미터 미만으로 기억한다.
이분의 자기소개서를 보니 그로 인해
두 아들이 키가 작을까 봐 걱정이 되어,
이를 해결하기 위해 이것저것 찾아보았으며
중학교 1학년 때부터 6년간 두 아들에게 하루도 쉬지 않고
아침에 주스를 직접 갈아 줬다고 했다.

덕분에 아들들은 모두 180센티미터가 넘게 컸다.
병원이나 한의원 등 의학의 도움을 받았는지 물어봤지만,
아니라고 대답했다. 여기서 나는 업의 가능성을 발견했다.

요즘은 아이들의 키를 키우기 위해

성장 호르몬 주사를 맞히는 등 부단한 노력을 하는 부모가 많고,
거기에 들어가는 비용도 만만찮다.
이분이 아이를 키웠을 당시만 해도 이런 시장은 크지 않았지만,
이분의 삶에서 발견한 '주스'라는 아이템으로
지금 창업하면 좋을 것이란 생각이 들었다.

일단 경제적으로 부담스럽지 않았고,
키 작은 아이를 걱정하는 부모는 시장에 언제나 존재하니
시장 가치도 충분하다고 생각했다.
주스 창업을 소소하게 시작해 보시라는 말에
그분은 내게 진심으로 고마워했다.

그런데 이 모든 이야기는 결코 내가 만들어준 것이 아니다.
그분이 쓴 자기소개서에 적힌 내용에서 내가 발견했을 뿐이다.
그리고 발견한 그분만의 본질을
더욱 발전시킬 수 있도록 조금 도와줬을 뿐이다.

그분이 진실로 고마워해야 하는 대상은 내가 아니다.
자기보다 한참 어린 사람이 대뜸 말한
자기소개서를 써보라는 제안을 실천한 실행력이다.

나에 대한 소개 글을 쓴다는 것은
기억나는 가장 과거의 순간부터 현재의 자신까지를
돌아보는 행위다.
그 행위 자체가 자신의 삶을 창업으로 바꾸는 과정인 셈이다.

그래서 그 글의 끝에는 반드시 존재한다.
자기가 만들어 온 '업'이란 녀석이 말이다.
모든 창업은 거기서부터 시작된다.

그러니 여기까지 읽었다면 잠시 책을 덮길 바란다.
그리고 펜을 들어보자.
태어나서 처음 마주하는 '나'에 대한 소개를 써볼 때다.
누군가에게 보여주기 위함이 아니라
미처 몰랐던 나의 가치를 발견하기 위한
오직 나라는 독자만을 위한 나에 대한 글 말이다.

미션 3

자기소개서 작성하기

우리는 종종 '나는 누구인가'라는 질문에서 멈칫한다.

당연히 자신을 정의하는 일은 쉽지 않다.

그러나 진짜 부자가 되고 싶다면 이 질문을 피할 수 없다.

돈이 나를 대신해서 일하게 만들기 위해선

'나'라는 사람을 먼저 알아야 하기 때문이다.

대부분의 사람은 '스펙'이나 '경력'으로 자신을 설명하려고 한다.

하지만 그것은 남을 위한 도구로써

나를 뽑아달라고 말하기 위해 쓰는 이야기일 뿐

진짜 자신의 삶을 위한 이야기가 아니다.

나의 성장 배경, 내게 영향을 준 사건, 내 안에 남아 있는 열등감,
내가 좋아했던 것들, 억울한 기억, 내 안의 결핍과 꿈 같은 것들이
당신의 삶을 설계할 진짜 이야기다.

내가 만나본 부자는 대부분 자신을 잘 아는 사람이었다.
아무리 좋은 정보가 들어와도
"종봉아, 나는 투자하면 안 돼"라고 끊어내는 사람이었고,
아무리 좋은 방법이 있어도 자신에게 어울리지 않으면
흔들리지 않던 사람이었다.

반대로 늘 최악을 선택하거나
사기를 당했던 사람은 '자신을 몰랐던 사람'이었다.
자신이 할 수 없던 일을 선택한 사람이었고
자신이 될 수 없던 것을 좇았던 사람이었다.

그래서 창업하든 투자하든
나의 기준과 방향을 세우기 위해서
먼저 자신의 연대기를 정리해 봐야 한다.

이 미션은 남에게 보여주기 위한 자기소개서와는 다르다.
당신이 진짜 어떤 삶을 살아왔고
앞으로 어떤 삶을 살고 싶은지를 정리하는 훈련이다.

그러니 남의 눈치를 보거나
지금 처한 환경 따위를 고려하지 말고,
솔직하게, 정말 솔직하게 작성해 보자.
아래는 나와 대화하고 자기소개서를 적어
내게 보여줬던 실제 예들이다.

**아래의 연대기 순서와 예시를 참고해서
기억나는 사건을 자유롭게 정리해 보자.**

- 유아기: 기억나는 장난감, 부모와의 관계, 집 분위기 등
- 초등학교: 칭찬받았던 경험, 억울했던 기억, 나의 첫 번째 꿈 등
- 중학교: 친구 관계, 시험 결과, 자존감이 형성된 내용 등
- 고등학교: 성적에 대한 스트레스, 부모와의 갈등, 반항, 첫 진로 고민 등
- 대학교: 학교와 전공 선택의 이유, 알바 경험, 연애, 동아리, 여행, 책 등
- 사회 초년생: 첫 직장, 직장 선택의 이유, 월급의 의미, 현실의 벽,
  성공과 좌절 등

- 결혼 전후: 결혼의 이유, 관계의 변화, 부모와의 관계, 책임감, 이상과 현실 사이의 괴리 등
- 육아: 부모의 마음, 육아로 배운 것과 잃은 것, 자존감 등
- 은퇴 및 노후: 어떤 생활을 꿈꾸는지, 어떤 사람이 되고 싶은지

예시) **유아기**

    나는 항상 곰 인형을 안고 잠들었다. 그 인형이 없으면 불안했다.

    지금 돌아보면 의지할 수 있는 존재에 대한 결핍이 있었던 것 같다.

    아버지는 늘 무뚝뚝했지만, 함께 이불 속에서

    손전등을 켜고 읽어준 책이 있었고

    그 시간이 늘 따뜻한 기억으로 남아 있다.

    나는 유난히 조용한 아이였다.

    뭘 해도 크게 튀는 걸 좋아하지는 않았다.

    초등학교

    동네 문방구에서 아저씨가 늘 내 이름을 부르며 말을 걸어줬다.

    작은 관심이 자존감을 크게 상승시켜 주는 효과가 있었다.

    여러 친구에게 왕따를 당했던 기억이 있다.

    선생님은 조용히 넘어가려고 했고 그때 처음 억울함을 느꼈다.

    받아쓰기를 늘 못했다. 빵점을 받으면 학교에선 늘 혼이 났지만

부모님께 혼났던 기억은 없다.

그래서 지금도 글을 쓰는 일에 거부감이 없는 것 같다.

용돈 기입장을 쓰면 아빠가 용돈을 더 주겠다고 했고,

그때부터 나는 관리가 곧 보상으로 돌아오는 감각을 익혔다.

중학교

성적이 좋지 못했다. '나는 머리가 좋은 줄 알았는데

아니었구나'라는 생각을 그때 했다.

친구와 함께 있는 것보단

혼자 있는 게 편한 사람이라는 사실을 처음 깨달았다.

누군가의 고민을 잘 들어주는 편이어서

나에게 고민 상담을 하는 친구들이 많았다.

집안 형편이 좋지 못해서 부모님이 다투는 모습을 많이 봤다.

고등학교

새벽까지 공부하며 대학교를 준비하다가

'이게 과연 옳은 길일까?' 하는 고민을 했다.

내 인생을 내가 선택할 수 없음에 화가 나서 독립을 꿈꾸며 살았다.

진로 상담 시간에 선생님이

"너는 어른이 되면 이걸 할 것 같다"라고 하신 말씀이 지금의 환경을 형성한 계기가 된 것 같다.

나는 공부보다 그림 그리는 게 더 좋았다.

대학교

경영학과를 선택한 것은 그냥 막연하게

사업을 할 거라 생각했기 때문이다.

성적에 맞춰서 대학교와 전공을 선택했고 다른 의도는 없었다.

지금 생각해 보면 후회되는 일 중 하나다.

아르바이트로 처음 돈을 벌고 가족들에게 선물을 샀다.

처음 맛보는 자본주의.

연애에 실패하고 세상을 잃은 듯했으나,

그때 읽은 책이 나를 바꿨다.

휴학을 통해 더 좋은 곳에 취업하려고 노력했지만

결국 돌아보니 나는 연봉에, 돈에 쫓기며 살았던 것 같다.

사회 초년생

첫 직장에서의 월급이 생각보다 적었다.

월급보다 상사의 한 마디 한 마디가 더 견디기 어려웠다.

그래서 조직보다 내 삶을 우선으로 생각하기 시작했다.

회사에서 정해준 반복된 일만 처리하다 보니

'내가 왜 이러고 있지?'라는 생각을 처음으로 했다.

100만 원을 들고 처음 주식을 시작했지만 결국 1년간 손실만 났다.

나는 투자에 어려움을 느꼈다. 투잡이 당연한 시대라고 해서

스마트스토어를 공부했지만 결국 사업자도 내지 않고 포기했다.

결혼 전후

결혼 전에는 둘이라서 행복할 것 같았지만, 실제로는

'결혼은 나를 더 단단하게 만드는 일이구나'라고 생각하게 되었다.

결혼 후에 생긴 첫 다툼도 결국 돈 때문이었다.

왜 부모님들이 돈 때문에 다퉜는지 이해하게 되었다.

돈은 그저 수단이 아니라 삶의 기준이 충돌하는 영역이었다.

아이 양육

아이가 태어난 순간 내 시간의 개념이 완전히 바뀌었다.

정말 많은 것을 포기했다. 아이가 태어나고 자라면서

그 순간순간의 시간이 너무 소중해졌다.

한 살 두 살 먹어갈수록 달라지는 아이의 모습을 보며

또 다른 사랑을 경험하고 내 부모님의 사랑에 대해서도 알게 되었다.

아이의 "아빠는 뭐 하는 사람이야?"라는 질문에 쉽게 답하지 못했다.

나는 무엇을 하는 사람인가? 고민하게 만드는 시간이었다.

은퇴 및 노후

60세가 되면 강연과 글쓰기를 통해서 사람들과 소통하고 싶다.
60세가 되면 〈나는 자연인이다〉라는 TV 프로그램에 나오는 사람처럼 살고 싶다.
노후에는 바닷가 근처 작은 공간에서 내 생각을 글로 적고 산책을 즐기며 살고 싶다.
60세가 되어도 여전히 멋진 남편이자, 아빠가 되고 싶다.
그때도 내가 꿈꾸는 일이 있었으면 좋겠다.

왜 이렇게 굳이 아까운 지면을 활용해서
남의 예시를 많이 들었을까?
이유는 아주 간단하다. 당신의 행동을 돕기 위해서
당신이 어렵다고 핑계를 대지 않도록 하기 위해서
아주 많은 예시를 들었다.
지금까지 수많은 상담을 하는 동안 자기소개서를 쓰지 못해
다음 단계로 넘어가지 못하는 사례가 빈번하게 발생했기 때문이다.

이 미션을 완성한 사람에게서 발견한 팁을 알려주겠다.
처음에는 가급적 연대기의 순서대로 짧게,
기억나는 순간을 기록하여 완성해 보자.

그리고 완성한 내용을 바탕으로 기억을 나열하기보다
감정이 떠오르는 순간에 집중해서 그 기억을 구체화해 보자.

당신의 연대기에서 특별한 감정이 떠오르는 지점이나,
억울했거나 기뻤던 순간을 아주 길게 적어보는 것이다.
그리고 아직 경험하지 못한 연대기는
미래에 일어나길 바라는 장면을 희망하며 작성하면 된다.

예시)　나는 은퇴 후에 작은 책방과 카페를 열고
　　　그곳의 2층 사무실에서 후배 투자자들과
　　　평범한 여러 사람에게 조언을 건네고 있을 것이다.

그럼, 이제 조용한 공간으로 이동하여 1시간 정도를 사용해
나만의 소개서를 작성하며 자신의 삶을 정의해 보자.
'나중에'란 말로 미루지 말고, '지금 당장' 시작해 보자.

회사가 아닌 세상에 뿌리는
이력서, '자기선언문'

"안녕하세요.
20년간 돈을 공부하며
돈을 가르치고 있는
전업 투자자 JB입니다."

8년 전부터 모든 자리에서 나를 이렇게 설명한다.
이 설명은 내가 강연할 때도, 칼럼을 쓸 때도
가장 먼저 작성하는 내용이다.

나는 이것을 '자기선언문'이라고 표현한다.
여러분이 자기소개서를 통해 FIND 단계에서 만들어야 하는 것은
바로 이 자기선언문이다.

자기선언문이란 창업을 위해 발견한
자신의 업을 실체화시킨 것이다.
실체화시켜야 하는 이유는 간단하다.
모든 실체는 힘을 갖기 때문이다.
머릿속에만 존재하는 건 추상적인, 즉 몽글몽글한 것들이다.

몽글몽글한 것은 정확하게 전달할 수 없다.
정확히 전달할 수 없는 것은 일관적이지 않다.
일관적이지 않은 것은 인식되기 힘들다.
인식되기 힘든 것은 판단할 수 없다.
그리고 사람은 판단할 수 없는 것을 구매하지 않는다.

이미 몇 번을 말했지만, 당신이 하는 창업이란 결국
사람들이 구매해야 완성되는 것이다.
자신이 구매하고자 하는 것을 기준으로
위에 적은 말을 대입해 생각해 보자.

그것이 바로 실체를 만들어야만 하는 이유다.

구매하도록 하기 위해서는 판단하게 만들어야 한다.
판단하게 만들려면 사람들에게 인식시켜야 한다.
인식하게 만들려면 이야기가 일관적이어야 한다.
일관적이려면 정확해야 한다.
정확하기 위해서는 구체적인 형태, 즉 실체가 있어야 한다.

그러므로 자신의 업을 실체화시키는 정확한 표현,
자기선언문이 필요한 것이다.
최근에도 자기선언문의 힘을 느꼈던 적이 있었다.
바로 이 책을 함께 쓰고 있는 현열이의 사례다.
현열이가 최근 글쓰기와 관련된 책을 집필하였고,
책을 홍보하기 위해서 유튜브에 출연했다.
그러나 아쉽게도 이전에 출연한 몇 채널에서는
별다른 반응이 나오지 않았다.

그때 마침 이 책을 집필하던 나는 그 고민을 듣고 현열이에게
자신의 자기선언문을 만들라고 컨설팅하였다.
그렇게 완성된 현열이의 자기선언문은 다음과 같았다.

"안녕하세요.
20년간 글과 기획을 해왔고
지금도 책을 쓰며 글을 자문하고 있는
시장 우선주의자 제갈현열입니다."

이 소개문으로 시작하며 출연한 다음 유튜브 채널은
그전에 출연한 유튜브 채널보다 구독자 수가 절반이 적었지만
기존의 반응보다 열 배가 넘는 조회수가 나왔고,
현열이가 출간한 책의 판매 순위는
정확하게 256위가 올라서
자기계발 분야 12위 베스트셀러가 되었다.

유튜브 시청자가 현열이가 쓴 책을 구매하게 하려면
판단하게 만들어야 했고, 판단하게 하려면
시청자가 인식해야 했으며
인식시키려면 일관적이어야 했다.
일관적으로 이야기가 전해지려면 정확해야 했고
정확하려면 구체적인 형태, 즉 실체가 있어야 했다.

기존에 출연했던 유튜브에서는 자기선언문이 없었기 때문에

그저 사회자의 소개 이후에
"안녕하세요, 작가 제갈현열입니다"라고 소개를 했다.
시청자 입장에서 작가라고 하면
자신과는 상관없는 분야라고 여기거나
어떤 사람인지 모르니,
그 사람이 어떤 이야기를 할지 궁금해하지 않았다.
즉 제갈현열이라는 사람을 인식하지 못했기 때문에
영상을 볼 이유도, 판단할 이유도 없었다.

그러나 자기선언문을 소개로 영상을 시작하게 되면
'아, 20년간 글과 기획을 한 사람이구나',
'아, 글을 자문하는 직업이 있구나',
'시장주의자가 무슨 뜻일까?'라고 인식되면서
영상을 계속 보게 만드는 힘이 생기고
그것이 결국 시장에 노출되는 알고리즘에 영향을 주어
더 높은 조회수를 달성했고 책도 베스트셀러까지 오를 수 있었다.

다른 결과를 내기 위해 돈이 들거나
수개월의 시간이 필요하지도 않았다.
이것이 자신을 실체화시킨 단 네 줄의 자기선언문이 가진 힘이다.

자기선언문은 어떻게 보면 거창하고
조금은 복잡해 보일 수 있지만 사실
매우 간단한 구조를 가지고 있다.

내가 해온 것 + 내가 하고 있는 것 + 내가 되고 싶은 것

20년간 돈을 공부하며(내가 해온 것)
돈을 가르치고 있는(내가 하고 있는 것)
전업 투자자 JB(내가 되고 싶은 것)
자기소개서를 기준으로 이렇게 만들면 된다.
앞의 코칭 사례에서도 이처럼 선언할 수 있다.

"내 아이를 위한, 키 크는 방법을
8년간 공부하며(내가 해온 것)
직접 개발한 주스를 판매하고 있는(내가 하고 있는 것)
60대 사업가 ○○○입니다(내가 되고 싶은 것)"라고 말이다.

내 주변에는 멋진 자기선언문을 가진 사람이 많다.
"10년간 평범한 직장인이지만
직장을 다니며 할 수 있는 투자법만 공부하는

슈퍼 직장인 ○○○."

"3년간 치열하게 아들 둘의 독박 육아를 담당하고 있지만
하고 싶은 것도 너무 많고
부자가 되고 싶은 ○○○."

"지금까지 준비 하나 없이
20년 직장 생활을 하고 있지만
지금부터 차근차근 은퇴 준비를 하는 중인
50대 은퇴 준비 컨설턴트 ○○○."

어떤가?
이렇게 누군가의 자기선언문을 보면 여러분은 어떤 생각이 드는가.
각자 느끼는 생각은 다르겠지만 한 가지는 확실하다.
이 사람이 어떤 사람이고 어떤 것을 자기 업으로 삼았는지
명확히 머릿속에 들어올 것이다.

이것이 자기선언문의 힘이며
반드시 당신이 자기선언문을 만들어야 하는 이유이기도 하다.

하고 싶은 것을 발견하는
세 가지 질문

자기선언문을 작성하려고 하면
가장 많이 고민하게 되는 부분이 아마
'내가 하고 싶은 것'에 대한 내용일 것이다.

내가 해온 일과 내가 하고 있는 일은
과거와 현재를 들여다봐야 하기에 누구나 쉽게 쓸 수 있다.
하지만 내가 하고 싶은 일은 미래를 생각해야 하기 때문에
누군가에겐 꽤 어려운 숙제일 것이다.

실제로 이 선언문을 작성한 수천 명의 사람은
내가 하고 싶은 일을 발견하는 것이
가장 어려웠다고 고백했다.

만약 당신이 바로 그것을 찾았다면 대단한 사람이다.
이미 삶을 주도적으로 살아가고 있다는 증거니까.
하지만 그렇지 않더라도 걱정하지 말자.
평범한 사람이라면 당연한 일이니까 말이다.

평범한 당신의 고민을 해결해 줄 방법을 알려주려고 한다.
지금부터 내가 하는 질문에 대해 가장 먼저 생각나는 순으로
대답해 보라.
단, 최근 3개월 이내에 있었던 일을 기준으로 하길 바란다.

그럼, 종이와 펜을 준비하자. (책의 여백에 적어도 된다.)
준비가 다 되었다면 질문에 대한 답을 해보자.

첫 번째 질문
내가 잘한다고 소리를 들었던 분야가 무엇인가?

"너는 말을 참 잘해", "외모가 뛰어나",
"꼼꼼해", "계획을 잘 세워" 등
"이걸 참 잘해"라는 소리를 들었다면 그것을 적으면 된다.
만약 없어도 걱정하지 말자.
바로 다음 질문에 답하면 되니까.

두 번째 질문
내가 가장 자주 본 것은 무엇인가?

유튜브, TV, 쇼핑 아이템, 최근에 자주 검색한 검색어 등
최근 3개월 사이에 내가 가장 많이 보았거나
알아보려 했던 것을 적어보자.

누군가는 자기계발에, 누군가는 육아나 직장 생활에,
누군가는 재테크에, 누군가는 창업에,
누군가는 정치나 사회 이슈에, 누군가는 피부 관리에,
누군가는 옷이나 신발 등의 패션 아이템에 관심이 있을 수 있다.
무엇이든 상관없으니 대답해 보자.

만약 이 질문에도

'아, 나는 최근에 관심을 가진 게 하나도 없구나'란 생각이 든다면
역시나 걱정하지 말자. 마지막 질문으로 가면 된다.

세 번째 질문
내게 고치고 싶은 것이 있다면 무엇인가?

소심한 성격, 남들보다 안 좋은 피부,
말로 능숙하게 표현하지 못함, 글을 잘 쓰지 못함,
엉망인 패션 감각, 늘 머뭇거리는 인간관계 등등
고치고 싶은 부분이 있을 것이다.

세 번째 질문 중
당신이 대답할 수 있는 내용이 최소한 한 가지는 있을 것이다.
만약 '나는 고치고 싶은 점이 하나도 없는데?'라고 생각한다고 해도
한 가지의 고칠 점을 말할 수 있다.
"잘하는 것도, 관심 있는 것도, 나아지고 싶은 것도 없는 내가
부자를 꿈꾸는 욕심을 고치고 싶다"라고
말할 수 있을 테니까 말이다.

눈치챘겠지만, 이 세 가지 질문을 통해

**내가 당신에게 물은 것은 당신의
'장점', '관심', '결핍'이다.**

당신이 앞으로 하고 싶은 일은 이 셋 중 하나에서 출발해야 한다.
만약 당신이 글을 잘 쓴다는 이야기를 듣는다면
당신은 글솜씨란 장점이 있는 사람이다.
거기서 출발하여 전업 작가나
라디오 작가, 혹은 시나리오 작가 등을
하고 싶은 일이라 결정할 수 있다.

피부 관리에 관심이 있는 사람이라면
당신은 아름다움에 관심이 있는 사람이다.
거기서 출발한다면 뷰티 유튜버나
인플루언서 혹은 전문 리뷰어 등을 하고 싶은 일이라
결정할 수 있을 것이다.

인간관계를 잘 만들고 싶은 사람이라면
당신은 관계에 결핍이 있는 사람이다.
거기서 출발한다면 당신처럼 관계를 맺지 못하는 사람의
고민을 들어주고 해결책을 만들어주는 상담사나 컨설턴트를 하고 싶다고 정할 수 있을 것이다.
결국 이 세 가지 질문을 이어가다 보면
반드시 당신이 하고 싶은 '업'을 발견하게 된다.

어떤가? 쉽지 않은가? 발견하지 못할 이유가 하나도 없다.
자신의 장점을 모르는 사람도, 관심사가 없는 사람도,
결핍을 모르는 사람도 흔하지 않다.

하지만 이것을 진심으로 마주하는 사람은 더욱 흔하지 않다.
그 흔하지 않음을 알아가고 자신의 것으로 만드는 사람만이
자기의 업을 만들어갈 자격이 생긴다.

P.S.   아직 어렵다고 생각된다면
아마 90퍼센트 이상은 자기소개서를 아직 작성하지 않았거나
자신의 자기소개서를 진지하게 읽지 않았을 가능성이 크다.
장점, 관심, 결핍 모든 것이 자기소개서에 있다.
그러니 꼭 '순서'대로 '실행'하길 바란다.

결핍에서 피어난 꽃이
가장 오래간다

많은 이가 장점이나 관심에서
하고 싶은 일을 발견하고 싶어 하겠지만,
나는 오히려 '결핍'에서 하고 싶은 일을 발견하길 추천한다.
결핍으로 시작한 창업이
큰 성공을 이루는 경우를 가장 많이 목격했기 때문이다.

그럼 성공한 원인은 무엇일까?
결핍에서 출발한 일은 다른 것에서 출발한 일보다

'꾸준하게 할 확률'이 비약적으로 높기 때문이다.

예를 들어보자. 내가 아는 한 친구가 있다.
중고등학교 때부터 여드름으로 피부가 안 좋은 것에
그는 열등감을 갖고 있었다.
이를 해결하기 위해 스스로 공부하며
자기 피부를 깨끗하게 만드는 노력을 멈추지 않았고,
그 과정을 자신의 채널에 공유하며 여러 사람에게
피부를 깨끗하게 만드는 방법을 알려주기 시작했다.
비록 당시에는 돈이 되지 않았지만, 포기할 이유는 없었다.

왜냐하면 당장은 돈이 되지 않았지만,
깨끗한 피부를 가꾸려는 노력이
자신을 성장시켰기 때문이다.
피부가 좋아지면서 그간 갖고 있던 열등감이 점차 사라지고
자존감이 높아졌다.
사람들과 눈을 마주하며 대화하는 것 또한
이제 더는 그를 불편하거나 힘들게 만들지 않았다.

그리고 무엇보다 이런 과정을 통해 그는 브랜딩을 하게 되었다.

결핍에서 피어난 꽃이
가장 오래간다.

현재 그 친구는 화장품, 시술과 관련된 협찬을 받으며
영상과 글 하나에 적게는 수십, 많게는 수백만 원을 받으며
매일 콘텐츠를 만들고 있다.

내가 상담했던 분 중에서도 3F 법칙을 꾸준하게 시행하여
자신의 업을 만들어낸 사람은 자신의 부족한 과거에서
전혀 다른 미래를 탄생시킨 경우가 많았다.

가난에서 성공으로, 뚱뚱함에서 날씬함으로,
아픈 몸에서 건강함으로, 꼴찌에서 1등으로 말이다.

앞서 장점이나 관심보다 결핍에서 성공할 확률이 높은 이유는
다른 두 가지보다 '결핍'이
꾸준하게 행동하기에 유리하기 때문이라고 말했다.

**꾸준함이 중요한 이유는, 돈이 되는 모든 비즈니스에
반드시 돈이 되지 않는 시간이 필요하기 때문이다.**

세상 그 무엇도 시작하자마자 돈이 되는 경우는 없다.
만약 그런 사람이 눈에 보인다면

당신이 보지 못한 수많은 실패가 반드시 존재할 것이다.

그러므로 돈이 되지 않는 시간을 견디는,
그리고 실패를 견디는 '꾸준함'이 창업에 가장 필요한 요소다.
특히나 FIND 다음 단계인 FORGE 단계에서
꾸준함은 선택이 아니라 필수다.

'장점'이나 '관심'보다 '결핍'이
꾸준함을 갖추는 데 더 유리한 다른 이유도 매우 단순하다.
지금껏 말해왔듯이 우리는 평범하기 때문이다.

대부분의 사람은 자신이 잘한다고 생각했던 분야라 할지라도,
관심이 있어서 시작된 분야라 할지라도,
일정 수준 이상으로 그 세계에 들어가게 되면
곧 한계에 부딪히게 된다.
그리고 그 한계를 넘지 못해 포기로 이어지게 된다.

가령 장점이 '극장점'이 되려면
자신에게 타고난 재능이 있거나
타고난 재능이 있는 사람을 만나도 열등감을 느끼지 않을

강한 심지가 있어야 하는데, 평범한 우리가
이 두 가지 면모를 가지고 있을 가능성은 현저히 낮다.

15년간 칼럼을 작성하며 글을 꽤 잘 쓴다는 소리를 듣는 나도
이 책의 공동 저자인 현열이의 글을 보면
'작가라는 직업이 나의 유일한 업이 아니라는 게
감사하다'라는 생각이 든다.
만약 작가라는 직업을 유일한 업으로 선택했다면
나는 바로 곁에 있는 누군가의 재능을 보며 좌절하거나
열등감을 느끼지 않기 위해
매 순간 어렵게 다짐을 해야 했을 것이다.

'관심'에서 찾는 것도 마찬가지다.
역시나 평범한 우리는
오랫동안 그 관심을 지속하지 못할 가능성이 크다.

흔히들 창업에 성공한 사람이 자신의 이야기를 할 때
자주 반복하는 레퍼토리가 있다.
관심을 가진 단 한 가지에 오랫동안 집중하는 일을
게을리하지 않았기 때문에

오늘날 성공을 거둘 수 있었다는 이야기 말이다.

가령 이런 식이다.

"어렸을 적 부모님의 손을 잡고 처음 타본
기차의 경적 소리를 듣고 충격을 받았습니다.
그 이후로 저는 오직 기차에 빠져들기 시작했습니다.
40년을 오직 기차에만 집중했고 그 덕에 저는
기차의 ○○ 부품을 세상에서 가장 품질 좋게 생산해 내는
회사의 사장이 되어 성공할 수 있었습니다."

오랫동안 관심을 두는 분야가 있고
앞으로도 그에 대한 관심을 이어나갈 자신이 있다면
관심으로부터 자기가 하고 싶은 일을 만들어가도 괜찮다.
하지만 나는 어떤 한 가지 일에 관심을 가지고
그 관심을 자신의 업이 될 때까지 이어갈 수 있는 사람은
이미 평범함과 거리가 멀다고 생각한다.
왜냐하면 엄청난 집중력과 특별한 계기가 필요하기 때문이다.

그렇다면 '결핍'은 어떨까?
세상에 완벽한 사람은 없다고 하니 누구에게나 결핍은 있다.
그래서 결핍은 발견하기 편하다.

또한 꾸준함을 가지기도 좋다.
여드름 때문에 피부에 열등감을 느낀 사례처럼,
모두가 보다 나은 자신을 꿈꾸기 때문이다.
창업을 위해서 같은 큰 목표가 아니라
자신을 위해서 실천하겠다는 작은 다짐만으로도
이 일은 충분히 해나갈 수 있다.

수행하는 과정도 훨씬 부담이 적다.
당장 돈이 되지 않더라도 내 단점을 극복해
결국 더 나은 사람이 되어가는 과정이고
그 단계가 직접 눈으로도 확인되니 굳이 포기할 이유도 없다.
그래서 꾸준할 수 있다.

특히나 결핍이 해결되는 모습이 눈에 들어오는 순간,
어느새 이 활동은 즐거움이 된다.
즐겁기 때문에 더 공부할 수 있고, 더 집중할 수 있으며,
결국 더욱더 잘할 수 있게 된다.

그렇게 생각해 보면 평범한 사람이 자기선언문으로
자기가 하고 싶은 것을 만들어가는 가장 확실한 방법은,

'결핍'에서 출발한 어떤 일을
자신을 위해서 해나가면서 서서히 그 일에 '관심'을 높여
꾸준함을 통해 결국 그 일을 누구보다 잘 이해하고,
잘 설명하며, 잘 전달할 수 있게 되는 것이다.

그래서 장점도 없고 관심사도 없고
특별함이 없다고 스스로 자책하지 말자.
아이러니하게도 그렇기 때문에 오히려
더 잘할 수 있게 될 것이라고 오늘부터 믿어보자.

평범함이라는 무기

이렇게 자기소개서로 출발해 자기선언문을 완성하다 보면
대부분의 사람은 이렇게 생각할 것이다.
자기선언문이 참 평범한 이야기의 조합이라고 말이다.

하지만 '부자의 다섯 가지 태도'에서 잠깐 언급한 것처럼
당신의 선언문에 담겨 있는 평범함은
창업하는 데 아주 큰 무기가 될 수 있다.
거기에 관한 이야기를 FIND 단계의 마지막으로 이어가 보자.

평범하다는 것은 두 가지 측면에서
비범한 자들의 창업과 당신의 창업에 차별점을 만들어준다.

1. 당신의 평범함이 곧 비범한 자들의 진입장벽이다

비범한 자들은 '평범'이란 단어를 사용할 수 없다.
그래서 그들의 이야기는 평범한 대다수의 공감을 얻을 수 없다.

가령 뛰어난 역량으로 회사에서 높은 성과를 내고
막대한 연봉을 받다 돌연 회사를 그만두고 창업을 시작하여
짧은 기간 놀라운 능력으로 성공한
비범한 직장인이 있다고 생각해 보자.

직장에서 사업으로 성공하는 법을
다른 이에게 교육한다고 했을 때
과연 그 사람은 어떤 이야기를 할 수 있을까?
결국 자신의 이야기를 해야 할 것이다.
그런데 자신이 일을 하며 연봉을 올린 성과에 관한 이야기가
회사를 그만두고 단기간에 사업을 성공으로 이끈 이야기가

과연 대다수에게 공감을 얻을 수 있을까?
더욱이 그냥 회사에 다니다 정년이 다가와
서서히 은퇴를 준비하는 사람에게
그의 사례가 들어맞을까?

**아무리 성공한 직장인 출신 사업가라도
은퇴 준비에 관한 이야기를 가장 와닿게 전달할 수 있는 사람은
지금 은퇴를 준비하거나 은퇴 후의 생활을
평범하게 경험해 본 사람일 것이다.**

은퇴라는 시간이 주는 과정과 감정, 그리고 이후의 행보가
지금 은퇴를 고민하고 있는 다수에게
더 도움 되는 이야기일 것이다.

당신이 독박 육아에서 느꼈던 결핍을 통해
자신과 같은 사람에게 도움 되는 창업을
하고 싶다고 가정해 보자.
당신보다 훨씬 뛰어난 마케팅 역량을 가진
유명한 사람이 있다고 하더라도,
결혼과 육아에 관련된 이야기와 이 비즈니스의 필요성을

독박 육아를 하면서 이 모든 것을 직접 경험했던 당신보다
더 진정성 있고 와닿게 전할 수는 없을 것이다.

결국 당신이 가진 평범함은
재능이 있는 사람이 결코 전하지 못하는
진정성과 공감대를 만들어주고
이는 재능 있는 사람이 쉽게 당신의 창업을
위협하지 못하게 해주는 든든한 진입장벽이 될 것이다.

그리하여 현재 당신이 가지고 있는
평범함이라는 가치는 당신이 지금까지 보낸 시간의 대가다.
당신보다 뛰어났던 사람들이 사용하지 않았던,
아니 재능이 있었기에 사용할 필요 없었던 그 시간 말이다.

평범한 다수를 상대해야 하는 창업에는
평범한 일상의 솔직한 이야기가
화려한 일상의 비범한 이야기보다
훨씬 강력한 무기가 될 수 있다.

2. '평범함'은 가장 큰 시장이다

평범하다는 것은
아주 넓은 시장을 확보하고 있다는 이야기다.
직장을 다니면서 투자하는 사람이 많을까? 아니면
직장을 다니지 않고 투자하는 사람이 많을까?
당연히 직장을 다니면서 투자를 하는 사람이 압도적으로 많다.

후자가 평범한 사람인 셈이다.
그래서 직장을 다니면서 투자할 방법을 고민하고
다른 사람에게 도움을 줄 수 있는 이야기를 만들어낸 사람이라면
이미 그 사람의 이야기는 압도적으로 많은
평범한 사람의 삶에서 출발한 이야기가 되는 것이다.

물론 처음에는 전업 투자로 엄청난 수익률을 거둔
사람들의 이야기에 관심을 가질 수 있다.
많은 사람이 그쪽으로 이동한다고 하더라도
결과적으로 남아 있는 시장의 사람이 대다수일 것이다.
그리고 떠난 그들도 언젠간 깨닫게 된다.
내가 속한 평범한 시장에서 출발하지 않은 이야기와 방법은

자신의 것이 되기 힘들다는 사실을 말이다.

결국 사람들은 자신을 닮아 있는 환경에서 출발한 이야기와
방법론으로 다시 돌아오기 마련이다.
재능과 화려함이 불꽃이라면 평범함은 숯불이다.
당신이 추구해야 하는 것은
반짝 빛나고 사라지는 단기전이 아니라
오랜 시간이 걸려 인정받는 장기전이다.

그 장기전에서 당신은 이미 가장 큰 시장에 몸담고 있고,
자리 잡고 있으며, 경험하고 있고, 스스로 나아가고 있다.
이것보다 훌륭한 비즈니스는 없으니 의심하지 말자.

자, 지금까지 FIND 단계에서 했던 이야기를 정리해 보자.
내 안에서 앞으로 자신이 해야 하는 업을 발견해야 한다.
그러기 위해서 자기소개서를 적어 스스로를 마주해야 한다.
마주한 자신을 하나씩 정의하여
자기선언문으로 나의 업을 실체화시켜야 한다.

그리고 이 모든 것은 평범했기 때문에 할 수 있는 일이며

평범하다는 것이 무기가 될 수 있음을
깨닫게 되는 과정이다.
이렇게 자기선언문으로 자신의 업을 정했다면
이제는 자기만의 창업으로 그 업을 쌓아나가면 된다.

**'누구나 할 수 있고 모두가 알고 있는 어떤 것'이 아닌,
'누구나 할 수 있지만 자기만의 이야기로 만들어가는
어떤 것'을 말이다.**

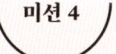

자기선언문 작성하기

이 책에서 가장 중요한 부분을 단 하나만 뽑아야 한다면
나는 지금, 이 미션이라고 말할 것이다.
그 이유는 내가 내 삶을 정의하는 순간부터
진짜 삶이 시작되기 때문이다.

나 역시 그랬다.
나는 시장이 말하는 것을 따라 하는 투자자였기에
남들이 돈을 번다는 곳에 늘 내 시간을 내줬다.
결국 나에게 돌아오는 것은 실패와 포기였고

그렇게 7년을 낭비했다.

그랬던 내가 뒤바뀐 순간을 돌이켜 보면

시장이 아닌, 남이 아닌, 온전히 '나'라는 사람에게 집중하며

만들어진 '나만의 자기선언문'을 완성한 순간이었다.

아마 당신도 살아오면서 수많이 자기소개를 했을 것이다.

때론 면접에서, 때론 SNS 프로필에서,

때론 소개팅 자리에서 말이다.

하지만 지금까지의 자기소개는 대부분

타인과 시장의 요구에 수동적으로 반응한 글이었을 것이다.

이제는 반대로 묻자.

'나는 나를 뭐라고 정의하고 싶은가?'

자기선언문은 말 그대로 나 자신을 스스로 선언하는 한 문장이다.

이 문장은 당신의 과거를 정리하고,

현재를 명확히 말하며, 미래의 방향을 제시하는

당신만의 브랜드 슬로건이 된다.

돈을 잘 버는 사람, 투자를 잘하는 사람은

'어떤 아이템을 고를까?', '다들 어떤 종목을 고를까?'보다는

'나는 어떤 철학으로 돈을 벌 사람인가?'를 먼저 정의한다.

스스로의 정체성이 불분명하면 늘 선택이 늦어지고
타인의 기준에 휘둘리게 되며
결국 시간과 돈을 모두 낭비하게 된다.

반대로 자기선언이 명확한 사람은
그 선언문이 곧 기준이 되어
해야 할 것과 하지 말아야 할 것의 구분이 빠르고
그런 일관성이 당신을 더욱 매력적인 사람으로 기억되게 한다.

이런 자기선언문은 어떻게 작성할까?
-과거: 환경, 단점, 결핍
-현재: 행동, 결핍을 해소할 내용
-미래: 앞으로 만들어갈 정체성
순으로 작성하면 된다.

이때 보기 좋은 말을 늘어놓는 것보단
진짜 솔직하게 작성하는 것이 중요하다.
또한 이 선언문은 언제든 바뀔 수 있기에
지나치게 신중하게 작성할 필요도 없다.
선언문이 자주 바뀌는 이유는 지금 당신의 행동도

시간이 지나면 과거가 되고
그 과거를 바탕으로 새로운 현재와 미래가 만들어지기 때문이다.
그럼, 당신의 실행을 돕기 위한 예시를 먼서 살펴보자.

예시) 안녕하세요.
10년간 남의 시간 속에 살았지만
지금은 나의 시간 속에서 살아가고 있는
시간을 설계하고, 배운 것은 바로 실행하는
'시간 설계자' 곤이입니다.

안녕하세요.
고객센터 직원으로 6년간 일하며
'내 이름으로 된 일'을 꿈꿔왔고
지금은 CS 상담에 대한 모든 것을 가르치는
'1인 기업 고객 상담 전문가' 콜입니다.

안녕하세요.
5년간 짠돌이로 살면서 소비할 때 느낀 점을 바탕으로
누구나 구매하고 싶은 상세 페이지를 제작해
판매자와 구매자의 꿈을 모두 충족시킬 '이루다'입니다.

안녕하세요.

남에게 받는 급여를 포기한 뒤

나를 위한 시간을 보내고 내가 돈을 벌며

온전히 8년간 가족 중심의 보험을 공부하고 있는

'가족 보험 전문가' 현입니다.

안녕하세요.

24년간 와인을 소주처럼 마셨던

그래서 평범한 사람도 와인을 즐길 수 있도록

공부하고 가르치는

'와인 소개하는 남자' 와소남입니다.

위와 같은 예시가 아니더라도

자기선언문 파트에서 나왔던 모든 예시를 참고하여

온전히 나 자신을 위한 자기선언문을 작성해 보자.

_____

_____

_____

자기선언문을 작성했다면
이미 절반은 온 것이다.
투자에서 '돈이 나를 위해서 일하게 하라'가
가장 큰 목표라면, 창업에 있어서는
'나의 업이 나를 대신해 말하게 하라'가 목표가 될 수 있다.
다음 장에서는 그 방법에 관해서 이야기해 보도록 하자.

P.S.   자기선언문을 작성하지 않았다면
      절대 다음 파트로 넘어가지 말자.
      단 네 줄의 자기선언문이 가지고 있는 힘은
      앞으로 당신의 인생에 아주 큰 영향을 줄 수 있다.
      그러니 책을 잠시 쉬더라도,
      언제라도 바꿀 수 있으니 부담을 느끼지 말고,
      자기선언문을 반드시 완성하고 나서 다음 이야기로 넘어가자.

I
시장이 응답할 때까지 쌓기

FORGE 단계를 한마디로 표현하자면
FIND 단계에서 발견하고 규정한
자신의 업을 시장으로부터 인정받는 단계다.

1단계를 거친 당신은 자기선언문을 통해
내가 무엇을 하고 싶은지를 말할 수 있게 되었다.
당신이 하고 싶은 일을 받아주는 곳은 시장이다.
당신이 하고 싶은 그 일을 해도 되는 사람이라고

인정받는 것, 그리하여 시장에서 수익을 내면서
당신이 원하는 일을 할 수 있는 상황을 만드는 것이
이 단계에서 당신이 해야 하는 일이다.

나의 자기선언문으로 예를 들어보자.
"20년간 돈을 공부하며
돈을 가르치고 있는
전업 투자자 김종봉입니다." 여기서 나는
20년간 돈을 공부해 왔다고 나의 과거를 표현했고,
돈을 가르치고 있다고 나의 현재를 표현했으며,
전업 투자자라는 단어로 미래에 내가 하고 싶은 일을 표현했다.

내가 생각하는 전업 투자자란
불법을 제외한 세상 모든 투자물에
평생에 걸친 시간과 정성을 투자할 수 있는 사람이다.

나는 자기선언문을 통해 나의 과거와 현재를 기준으로
내가 이루고 싶은 미래를 시장에 던졌다.
꾸준히 던진 결과 시장은 서서히
자기선언문에 담긴 나의 과거와 현재를 인정해 주었다.

그렇게 내가 하고 싶은 일을 할 수 있는 기회가 열리기 시작했다.
수익을 내면서 말이다.
돈과 관련된 출판을 했고
돈과 관련된 강연을 했으며
돈과 관련된 도서, 전자책 등을 협찬을 받고
돈과 관련된 수많은 채널에 초대를 받았으며
돈과 관련된 수많은 기업에서 협업 요청을 받았다.

그리고 지금도 돈과 관련된 기업과 개인을 컨설팅하고
지분을 투자하며 이 일을 이어가고 있다.
내 책을 한 권이라도 읽은 사람이라면 알겠지만
내게 있어 투자란 '시간과 정성'을 쓰는 일이다.

그런 나에게 출판도, 강연도, 채널 출연도, 컨설팅도,
모두 시간과 정성을 투자하는 행위다.
즉 내가 하고 싶은 나의 미래인
'전업 투자자'로 살아가고 있다는 이야기다.

이처럼 시장이 수익을 주면서
내가 하고 싶은 일을 인정하는 것이

FORGE 단계의 의미라면
FORGE 단계에 도달했다는 수치는 어떻게 알 수 있을까?
나는 시장이 안겨준 수익의 크기라고 말한다.
그리고 그 금액은 '월 천만 원'이라 말한다.

아마 나를 포함한 다른 많은 부자도
여러 채널에서 월 천만 원이란 수치를 자주 언급할 것이다.

왜 월 천만 원일까? 이유는 간단하다.
다음 단계인 FREE로 이동하기 위해선
자신이 하고 싶은 일로 시장에서
한 달에 최소한 그만큼의 수익은 내야 하기 때문이다.

FREE 단계에서 자세히 이야기하겠지만
월 천만 원은 벌어야 남은 잉여자금으로
나의 시간을 자유롭게 만들기 위한 사람을
최소 한 명은 고용할 정도가 되기 때문이다.

그리고 업종과 상관없이 대부분의 부자가
아주 빠른 속도로 성장하는 구간을 살펴보니

**1차로는 자신의 급여를 뛰어넘는 소득을 올렸을 때,
2차로는 월 천만 원을 벌었을 때가 가장 많았다.**

대부분의 경우 1차 시점에서는
급여를 받기 위해 사용했던 10시간 정도의 시간을
퇴사 후 창업에 집중적으로 사용했기 때문에
소득이 많이 증가했고,
2차 시점에서는 FREE 단계로 진입하며
새로운 분야의 비즈니스에 도전하게 되어 질적으로 성장했다.

이 수준에 이르기까지 시장에 인정받기 위해
끊임없이 여러 과업을 쌓아가는 단계가 바로 FORGE 단계다.
자, 그럼 이제부터 그 방법에 대해 하나씩 알아보자.

돈과 시간은 일시적으로, 효과는 지속적으로

여기서 해야 할 일이 더 명확해진다.

시장의 인정을 받기 위해서 가장 먼저 무엇을 해야 할까?

시장은 아직 당신을 알지 못한다.

당신이 어떤 사람이었는지도, 당신이 어떤 사람인지도,

당신이 어떤 사람이 되고 싶은지도 말이다.

당신이 창업할 시장에서 당신은 아직 '무명'인 셈이다.

광고계의 아버지인 데이비드 오길비는

이와 같은 상황에 대한 답을 명확한 한 줄로 표현했다.

"시장에 처음 나온 제품이 해야 하는 건
'나 여기 있어요!'라고 외치는 것이다."

당신도 시장에서는 아직 알려지지 않은 제품이다.
이를테면 신제품인 셈이다.
그래서 당신이 해야 하는 일은 당신이 있음을 알리는 것이다.

시장에 나를 어떻게 알려야 하는가?
시장에 나의 무엇을 알려야 하는가?
시장에 나를 언제까지 알려야 하는가?

여기에 대한 답을 하나씩 알아가고 실행하다 보면
어느새 당신의 FORGE는 완성되어 있을 것이다.
그럼, 지금부터 그 방법을 하나씩 살펴보자.

먼저 시장에 당신을 어떻게 알려야 하는지 생각해 보자.
시장에 알린다는 건 광고나 홍보를 한다는 것이다.
광고나 홍보를 하는 가장 확실한 방법은 돈을 쓰는 것이다.

결국 당신을 알리는 데 고민 없이 바로 사용할 수 있는 방식은
비용을 써서 당신을 광고하는 것이다.
물론 비용을 쓴다고 모든 광고와 홍보가
같은 효과를 지니진 않는다.
흔히 광고 효과를 판단하는 네 가지 기준은 다음과 같다.

	사용되는 돈	효과
최고의 광고 효과	일시적	지속적
최선의 광고 효과	지속적	지속적
차악의 광고 효과	일시적	일시적
최악의 광고 효과	지속적	일시적

최고의 광고 효과는
사용되는 비용은 일시적이지만 효과는 지속적인 것이다.

이를테면 아주 훌륭한 광고를 만들어
일시적으로 비용을 사용했는데 그 광고가 사람들 사이에서
지속적으로 회자되는 경우를 뜻한다.

'돌고래 유괴단'이라는 광고 제작사가 있다.
너무 광고를 재미있게 만들어서

엄청난 바이럴을 자주 일으키는 제작사다.
유튜브 채널에 광고가 올라오니 꼭 한번 보길 바란다.
광고를 본 사람들이 남긴 댓글 중 가장 기억에 남는 내용은
"광고 보기 싫어서 유튜브 프리미엄을 구독했는데
그걸로 내가 지금 광고를 보고 있네"라는 글이었다.
이런 광고가 최고의 광고일 것이다.

최악의 광고는 반대로 생각하면 된다.
지속적으로 비용을 들이지만 너무 지루한 광고라서
사람들이 외면하거나 오히려 싫어하는 광고가 그것이다.

자, 그러면 지금 나는 당신에게
창의적인 방법으로 광고해서 적은 비용으로
입소문을 일으켜야 한다고 말하려는 것일까?
아니다.
아쉽게도 우리에겐 훌륭한 광고를 만들 수 있는
재료도, 돈도 아직 없다. 그럼 어떻게 해야 할까?

지금까지 말한 이야기에 정답이 있다.
우리가 가장 처음 했던 말이 생각나는가?

당신이 가지고 있는 유일한 도구, 바로 시간이다.

이 시간을 돈으로 바꾸는 이야기를

우리는 지금까지 계속 하고 있다.

시간을 돈으로 바꿀 수 있다는 것은

돈 역시 시간으로 바꿀 수 있다는 뜻이다.

예를 들어보자.

지금 나는 아르바이트를 하고 있다.

아르바이트는 시간을 돈으로 바꾸는 행위다.

시급을 받아 내 시간을 돈으로 바꾸니 말이다.

그런데 내겐 꼭 사고 싶은 한정판 물건이 하나 있다.

오늘부터 판매를 시작하는데

오픈런을 하자니 아르바이트 때문에 할 수가 없다.

너무나 그 물건을 가지고 싶었던 나는 대신 오픈런을 해주는

서비스를 이용했다. 그리고 그 비용으로 3만 원을 지급했다.

이 경우에 나는 3만 원이란 돈으로

줄을 서서 물건을 기다려야 하는 시간을 살 수 있었다.

즉 돈으로 시간을 바꾼 것이다.

어떤가? 쉽게 이해되지 않는가?

'시간이 곧 돈이다'라는 말은 단순한 격언이 아니다. 사실이다.

결국 평범한 당신이라도 돈이 아닌 시간을 사용한다면
충분히 당신을 시장에 알릴 수 있다.
이제 위의 모델에서 돈을 시간으로 바꿔보자.
그럼 이렇게 될 것이다.

	사용되는 시간	효과
최고의 광고 효과	일시적	지속적
최선의 광고 효과	지속적	지속적
차악의 광고 효과	일시적	일시적
최악의 광고 효과	지속적	일시적

최선으로 당신을 알리는 방법은 오늘부터 매일
새로운 사람을 만나 당신의 가치와
당신이 하고 싶은 일을 말하는 것이다.

예를 들어 방문 판매를 생각하면 이해하기 쉽다.
매일 시장에서 당신을 써줄 수 있는 사람을 찾아다니는 데
시간을 쓰고 당신을 알리는 일이니까 말이다.

하지만 평범한 당신은 이미 일을 하느라
많은 시간을 보내고 있을 것이기에
이 방법이 적합하지 않을 가능성이 크다.

매일같이 일을 하며 또 매일같이 새로운 누군가를 만나
자신을 알린다는 것은 생각보다 쉽지 않다.

차악으로 당신을 알리는 방법은
그렇게 알리는 행위를 하다가 멈추는 것이다.
피곤하다는 이유로, 귀찮다는 이유로 말이다.
당신이 알리지 않으면 효과도 사라지기에
알리는 걸 멈추는 순간 차악이 된다.

최악으로 당신을 알리는 방법은
해야 한다는 생각만 가지고 시작조차 하지 않는 것이다.
자신을 알려야 한다고 고민만 하고,
자신을 어떻게 알릴지 고민만 하고,
시작하지 않는 것이다.

해야 한다고 고민하는 시간만 쓰고

정작 실행은 하지 않으니 최악인 셈이다.

기껏해야 요즘 표정이 안 좋다고
고민거리가 있냐고 묻는 주변 사람에게 슬며시 이야기할 테니
딱 그 정도의 사람에게만 당신의 이야기가 전달될 것이다.

결국 당신이 선택해야 하는
가장 이상적인 방법은 최고의 수단이다.
즉 당신을 알리기 위해서는 일시적으로 시간을 쓰지만
그 효과가 지속되는 방법을 가져야 한다.

다행히 그런 방법이 지금의 세상에 존재한다.
그리고 당신도 언제든 할 수 있다.
그것은 바로 당신의 '채널'을 만드는 것이다.
유튜브든, 인스타그램이든, 카페든 블로그든
당신의 이야기를 담을 수 있는 공간을 만드는 것이다.
그리고 그 공간에 자신의 이야기를 채워가야 한다.

잘 생각해 보자.
자신의 이야기를 넣는 데 걸리는 시간은 일시적이다.

유튜브 영상을 찍는 데 걸리는 시간,
인스타그램에 피드를 올리는 데 걸리는 시간,
카페나 블로그에 글을 적는 데 걸리는 시간 등
당신의 시간은 한 번만 사용하면 된다.

하지만 그 공간을 방문하는 사람은
언제든 당신이 남긴 이야기를 듣게 된다.
사람들에게 알려지는 것이다.
그리고 이는 심지어 당신이 잠들어 있는 시간,
당신이 일을 하는 시간에도 말이다!

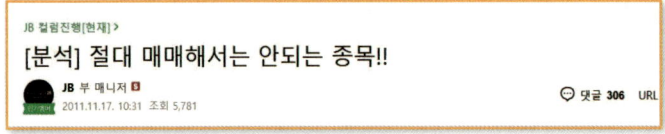

ㄴ 2011년 11월, 네이버 카페에 쓴 첫 번째 글

지금은 사라진 싸이월드에 글을 쓰던 내가
네이버 카페로 이전하여 처음으로
2011년 11월 17일에 글을 썼다.
책을 집필하면서 이 글의 댓글을 살펴보았다.

└ 지금까지도 달리는 댓글들

20분 남짓을 들여서 쓴 이 글은

무려 14년이 지난 지금도 나를 위해서 일하고 있다.

어떤가? 이 방법이 최고인 이유이자

당신이 반드시 실천해야 하는 이유라 생각되지 않는가?

당신이 반드시 채널을 만들어 글을 써야 하는 이유는
내가 생각하는 모든 방법 중에서
이 방법만이 당신이 가진 시간을
폭발적으로 증가시키기 때문이다.

가령 제일 나은 방법을 차용하여
1시간 동안 한 명을 만나 당신의 이야기를 알렸다면
당신의 시간은 1×1=1, 딱 1시간의 가치다.

하지만 당신이 1시간을 투자해 채널에 당신의 이야기를 남겼고
이것을 열 명의 방문자가 본다면?
당신의 시간은 1×10=10, 즉 한 시간을 투자했지만
그 가치는 10시간과 같아지는 것이다.
만약 100명이라면? 1000명이라면?
당신의 시간이 폭발적으로 늘어난다는 말은 이런 의미다.

시간은 곧 돈이기 때문에
시간이 폭발적으로 늘어난다는 말은
돈의 가치가 폭발적으로 늘어난다는 뜻이기도 하다.
아무리 못 만든 광고라도 광고비에 수천억 원을 쓰면

결국 그 이야기는 시장에 전해지게 된다.

그것이 돈이 가진 힘이다.

시간 역시 마찬가지다.

자신을 알리는 데 수많은 시간을 사용하면

결국 시장은 나의 이야기를 전해 듣게 된다.

하지만 모든 사람에겐 하루에 24시간만 주어진다.

자신을 알리기 위해 다른 사람이 자신을 보는 일에

1만 시간을 사용해야 한다고 하면

매일 2시간씩 사용해도 15년 이상이 걸린다.

그러나 이 수식에 '채널'이란 도구를 넣으면 모든 것이 해결된다.

과거의 내가 투자한 딱 1시간으로

채널을 통해 5000배의 시간 가치를 얻을 수 있는 것이다.

내가 1시간 동안 만든 내 이야기를

5000명의 사람이 보기만 하면 되니까 말이다.

이것이 가진 것이 시간밖에 없는 우리가,

자신을 시장에 알려야 하는 우리가,

그래서 지급할 것 역시 시간밖에 없는 우리가

반드시 채널을 만들어야 하는 이유다.

이 말을 듣고 반문할지도 모른다.
"내가 채널을 만든다고, 내가 거기에 이야기를 적는다고
누가 찾아와서 봐준다는 거야?"라고 말이다.

바로 그것이 FORGE 단계에서
계속해서 자신을 쌓아가야 하는 이유다.

처음 채널을 만들고 처음 이야기를 올리면
사람들이 거의 오지 않을 것이다.
잘 안다. 왜냐하면 나도 그랬기 때문이다.
이건 내가 15년 전 처음 채널을 만들고 올렸던 글이다.

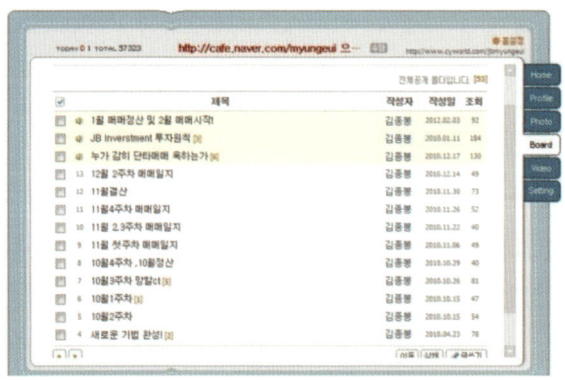

ㄴ 내가 처음으로 시작한 나의 채널, 싸이월드

처음에 시장은 나에게 관심을 가지지 않았다.
당연했다. 시장이 관심을 가져야 하는 이유가 없으니까.
사실 이 조회수도 내가 많은 무료 강연을 하고
싸이월드가 없어질 즈음에 그간 강연을 들었던 사람이 찾아와서
최종 조회수가 평균 50을 넘긴 것이지
2년간 조회수가 평균 5~10회 정도였다고 기억하며
댓글은 없다시피했다.

하지만 나는 멈추지 않았고 멈출 이유가 없었다.
이 모든 것은 남이 아닌 나를 위한 이야기였고
내가 선택한 이야기로 성장을 이루었으니 말이다.

이것이 FIND 파트가 중요한 이유다.
나는 그렇게 지속적으로 나에 관한 이야기를
내가 만든 채널에 쌓아갔다.
그사이 싸이월드가 사라지는 바람에
네이버 카페로 내 채널이 바뀌었지만 상관없었다.

나는 나의 이야기를 멈추지 않았다.
그리고 지금 내가 가진 채널은 이렇다.

공지	[소개] JB 너는 누구냐? (자산규모와 수익인증 영상) [1502]	JB 🅢	2020.12.02.	1.7만
공지	[필독] 투자교육을 시작하려고 합니다 [3136]	JB 🅢	2021.03.06.	3.4만
공지	책다방이란? 거절할 이유가 없는 모임 [581]	JB 🅢	2022.06.28.	7,220
공지	[필독] 신규회원분들 카페 닉네임 규정 / 변경방법 [932]	돈공부매니저 🅢	2021.01.19.	2만
1074319	6월 JB의 월간전망 [팔리는 글은 처음이라] 😊 [694]	JB 🅢	2025.06.10.	2,995
1064294	5월 JB의 월간전망 [제발 '단기매매' 하지 마세요] 😊 [982]	JB 🅢	2025.04.30.	4,556
1057496	4월 JB의 월간전망 [모르고 얻는 수익은 모두 독이다] 😊 [1211]	JB 🅢	2025.04.04.	4,395
1047675	3월 JB의 월간전망 ['짜세' 나오는 삶을 사는 방법] 😊 [749]	JB 🅢	2025.02.27.	4,156
1038904	2월 JB의 월간전망 [새해 복 많이 받으세요] 😊 [987]	JB 🅢	2025.01.27.	4,170
1029631	2025년 1월 JB의 월간전망 [끔찍한 정치이야기] 😊 [785]	JB 🅢	2024.12.29.	4,864
1023734	12월 JB의 월간전망 [대선주 그리고 코인] 😊 [975]	JB 🅢	2024.12.11.	4,321
1011217	11월 JB의 월간전망 [될해도 되는 사람, 안되는 사람] 😊 [1071]	JB 🅢	2024.11.04.	5,229
1002450	10월 JB의 월간전망 [가르친 것으로 매매하는 사람] [1541]	JB 🅢	2024.10.10.	4,903
988751	9월 JB의 월간전망 [성장은 혼자하는 것 / 이또한 지나간다] 😊 [949]	JB 🅢	2024.09.02.	5,379
978667	특별한 하루 8월 6일 코스피폭락에 투자 [사이드카 발동날] 😊 [998]	JB 🅢	2024.08.06.	5,504
975450	8월 JB의 월간전망 [6억을 날리는 실패를 하고 배운점] 😊 [1315]	JB 🅢	2024.07.30.	6,235
961780	7월 JB의 월간전망 [직장인이 성공하는 유일한 길] 😊 [1219]	JB 🅢	2024.06.29.	5,696
947372	6월 JB의 월간전망 [SNS 안하는 이유, 돈은 벌어야 한다] 😊 [1051]	JB 🅢	2024.05.30.	4,968

└ 현재 나의 채널인 네이버 카페, '돈 공부는 처음이라'

15년이 지난 지금은 평균 5000회의 조회수를 기록하고
1000개의 댓글을 받고 있다.
여러 사람이 함께 운영하는 기업형 카페가 아닌
1인 브랜딩으로 개인이 운영하는 카페에서는
손에 꼽을 수준이라 들었다.
내가 대단하다고 생각할 수 있지만 절대 그렇지 않다.

이 천지개벽할 과정을 만들기까지
그 어떠한 특별함도, 그 어떠한 비법도 없었다.
채널을 키우기 위해서
따로 무엇인가를 공부하며 노력을 한 적도 없었고
돈을 쓴 적은 단 한 번도 없었다.

**단지 채널 안에서 나의 솔직한 이야기를
끊임없이 쌓아 나간 것.
그 한 가지가 전부였다.**

오히려 아쉬운 점이 있다면 이상한 고집 때문에
카페 운영을 몇 년간 쉬었다는 점과
10년을 비공개 카페로 운영했던 점이다.

또한 지금같이 카페나 채널을 키우는 방법을
검색만 해도 잘 찾아볼 수 있던 시대였다면
훨씬 더 빠르게, 훨씬 더 효율적으로, 훨씬 더 많은 것을
할 수 있었을 듯해 한때 아주 크게 후회했다.
그리고 4년 전 당신이 마주하고 있는
이 책을 기필코 집필하겠다고 마음을 먹었다.

내가 후회했던 것을 통해
당신은 나보다 더 빠르게, 더 제대로,
내가 15년이 걸렸던 것을
5년 안에 완성하길 바라는 마음으로 말이다.

그러니 당신은
내가 해주지 못하는 딱 한 가지만 가지고 있으면 된다.
시간을 폭발적으로 만들기 위한 채널을 만들겠다는 결심과
바로 지금 그 채널을 만드는 실행력이다.

완벽한 계획보다
어설픈 시작이 낫다

채널을 만들기로 결심했다면
이제 어떤 채널을 만들지를 결정할 차례다.
'어떤 채널을 만들 것인가'에 대한 결정은
'어떤 수단으로 자신을 남길 것인가'와 이어진다.
왜냐하면 채널에 당신을 남길 수 있는 수단은
두 가지밖에 없기 때문이다.

바로 '영상'과 '글'이다.

영상을 남기고자 한다면 유튜브나 틱톡, 치지직, 숲 등
영상 중심의 플랫폼이 있을 것이고
글을 남기고자 한다면 인스타그램, 네이버 카페,
블로그, 페이스북, 스레드 등이 있을 것이다.

사실 채널이 성공한다는 가정하에 가장 효과가 좋은 것은
두말할 것 없이 유튜브다.
감히 압도적이라고 말할 수 있을 만큼 말이다.
가장 많은 사람이 이용하는 채널이기도 하고
현재 모든 채널의 중심이기도 하며
크게 이용자의 유행을 타지 않고 무엇보다 조회수 자체로도
수익을 얻는 구조가 조성돼 있기 때문이다.
하지만 나는 처음 도전하는 당신에게
영상이 아닌 글을 추천하고 싶다.
그 이유를 지난 수천 명의 사람을 상담하며 깨달았다.

평범한 사람은
결코 유튜브를 오랫동안 지속하지 못한다.
정확히는 영상이란 수단으로 자신의 이야기를
지속적으로 남기지 못하는 것이다.

그 이유 역시 단순하다.

영상을 제작하는 것은 엄청난 에너지가 들기 때문이다.

어떤 이야기를 할지 대본을 짜야 하고,

카메라를 세팅하고 촬영을 해야 하며,

촬영본을 편집해야 하고 편집한 내용에 자막도 넣어야 한다.

이 모든 과정을 평범한 사람이 혼자 해내기란 쉽지 않다.

더욱이 관련 기술을 한 번도 해본 적이 없는 사람이면 더욱 그렇다.

결국 하나의 이야기를 올리는 데

막대한 시간과 정성이 들어가는 것이다.

물론 '그냥 휴대전화로 촬영하고

편집 없이 가볍게 올리면 되지'라고 생각할 수도 있다.

그렇게 생각하고 실행할 수 있다면 당연히 그렇게 해도 좋다.

그러나 당장 내세울 것 하나 없는 평범한 우리가

자신의 이야기에 대한 결과물을 꾸준히 올리는 게

과연 확률이 높은 방법일까?

불가능하다는 얘기는 아니지만,

쉽지 않은 길이라는 사실을 직감적으로 느낄 수 있을 것이다.

이런 이유로 많은 사람이 호기롭게 유튜브를 시작하지만
대부분은 빛을 발하기도 전에 포기하고 만다.
이렇게 포기하게 되면 자기 브랜딩도 덩달아 포기하게 된다.

그래서 처음부터 이 길을 선택하는 것을 권하지 않는다.
차라리 다른 플랫폼으로 조금 더 자신의 것을 쌓은 다음
충분히 준비되었을 때 유튜브라는 채널을 선택하는 것이
훨씬 지속 가능한 전략이라 확신한다.

**실제로 유튜브에서 가장 빠르게 성공한 사람을 보면
대부분 유튜브가 첫 번째 채널이 아님을 알 수 있다.
그리고 그들이 사용했던 첫 번째 채널의 본질은
대부분 '글'이었다.**

물론 채널을 처음 시작하는 당신은
글이 어렵다고 생각할 수 있지만 다행히 글은 누구나 쓸 수 있다.
그리고 사실 지금도 모든 사람이 쓰고 있다.

매일 보내는 카톡이나 간단한 업무 이메일,
일정을 기록하는 캘린더 등

글을 쓰지 않고 하루를 마치는 이는 거의 없다.

그만큼 모두 알고 있고 모두 익숙하기에
글을 통해 자신을 채널에 담는 일은 다른 어떤 것보다 쉽다.
글을 본질로 삼은 채널은 그 어떤 채널보다 쉽다.

영상: 글 기획 → 글 대본 → 촬영 → 편집 → 가공 → 업로드
글: 글 → 업로드

어떤가? 단순히 봐도 글이 훨씬 쉽지 않은가?
그 때문에 나는 평범한 사람에게 자신의 채널을 만들고
자신을 알리는 도구로 글을 추천한다.

자기소개를 적는 것도, 자기선언문을 작성하는 것도,
채널 만들기를 결심하는 것도, 자기를 채널에 담는 것도,
모두 처음 하는 일이기 때문에 그 자체만으로도
많은 에너지가 소모된다.

최소한 그 수단만큼은 익숙한 것을 이용해야
꾸준함을 가지기에 훨씬 유리하다.

또한 모든 사람이 하나의 채널만을 가질 필요는 없으니
처음 선택한 채널을 고집해야 할 이유도 없다.

우선 가장 쉬운 방법과 수단으로
채널을 만들고 꾸준히 실행하다 특정 순간이 왔을 때
영상으로 채널을 부분 확장하거나
완전히 넘어가는 것도 좋은 방법이다.

실제로 많은 인플루언서가
위와 같은 방법을 통해 자신의 채널을 확장해 갔다.

초창기 유튜브에서 분야를 마다하고
구독자를 가장 빠르게 늘려갔던 사람은
대부분 글이 본질인 파워블로거 출신들이었다.
유튜브 채널을 보유하고 있는 사람 중에서도
비즈니스 모델로 전환하기 위해서
블로그와 카페, 인스타나 스레드처럼
글과 관련된 플랫폼을 중복으로 이용하는 경우가
95퍼센트가 넘는다.

유튜브로 시작해도 어차피 글은 작성해야 한다.
그래서 나는, 그리고 나처럼 평범한 당신은
우선 글로써 자신의 이야기를 쌓아가길 권한다.

그리고 이때 여러분들에게 꼭 하고 싶은 이야기가 있다.
처음부터 좋은 글을 써야 한다는 생각을
하지 않아도 된다는 것이다.

한참을 준비한 뒤 뒤늦게 좋은 글로 채널을 시작하는 것보다
지금 당장 채널을 만들고
어설프게나마 글을 쓰는 것이 훨씬 낫다.
왜냐하면 결국 당신의 신뢰도는 콘텐츠의 질과는 상관없이
당신이 올린 콘텐츠의 시간만큼 서서히 쌓일 테니 말이다.

예를 들어 육아에 관한 이야기를 찾는 사람이
두 개의 블로그 포스트를 보았다고 생각해 보자.
하나는 잘 정리하고 세련된 문장으로 글을 썼지만
시작한 지 3개월밖에 되지 않는 블로그고
하나는 비록 조금 덜 세련되었고 조금 어수선하지만
시작한 지 5년이 넘은 블로그다.

과연 어떤 블로그에 더 큰 신뢰를 느낄까?
말할 것도 없이 후자일 것이다.

이것이 시간이 만들어주는 신용이다.
오랜 시간 동안 하나의 일을 꾸준히 한 사람에게
시장은 신용을 느끼는 법이다.

**그러니 일찍 시작할수록 신용을 쌓을 수 있는 시간을
더 많이 확보하게 된다.
그냥 채널을 만들고 어떤 글을 쓰기만 하여도
창업을 꿈꾸는 당신에겐
무조건 이득이라는 소리다.**

4년 전에 한 달 간 촬영을 하고 지금까지
나에게 지속적으로 수익을 주고 있는
클래스101(온라인 교육 플랫폼) 속 나의 영상은
촬영을 시작하고 4년이 지난 지금까지도
5000개가 넘는 클래스 중에서
늘 10위권 안에 올라와 있는 베스트 클래스다.

└ 클래스101의 인기 클래스 목록(2025년 9월 16일 기준)

이곳에는 그때도, 지금도

나보다 높은 수익률을 자랑하는 사람도

나보다 훨씬 더 많은 돈을 버는 사람도

나보다 화려한 언변으로 강의를 하는 사람도

나보다 뛰어난 논리로 무장한 사람도 엄청나게 많이 존재한다.

그런데도 왜 나의 강의가 인기를 끌었을까?

지금까지 당신이 읽었던 이 책의 내용대로 살아왔고,

그것을 무기로 이 강의를 기획했기 때문이다.

나에게는 10년 전부터 미리 적어둔 과정이 있었다.

이 클래스에 대한 강의 소개의 첫 화면은

2010년 10월 29일, 내가 처음 싸이월드라는 채널에

10분 남짓을 들여 쓴 글로 시작한다.

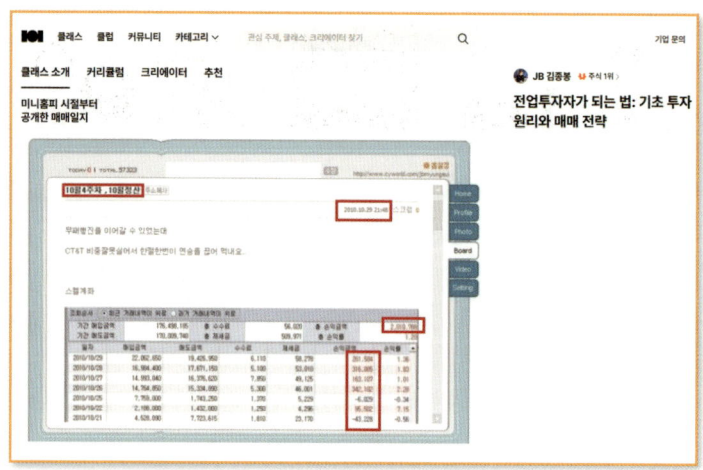

└ 클래스101에 올린 강의 소개 페이지

무려 15년 전에 10분 만에 쓴,

당시 조회수가 10도 나오지 않았던 저 글이

15년이 지나도 지속적으로 성과를 내고 있다.

그리고 지금도 이 책에서 활용되며

나에게 성과를 가져다주고 있다.

이것보다 좋은 수단이 당신에게 있는가? 나에게는 없다.

만약 나의 첫 글이 좋은 차와 좋은 집이 있고

매월 수천, 수억을 버는 내용의 일지였으면

'저 사람은 원래 돈이 많았겠지',
'저 사람은 원래 특별했겠지'라는 생각으로
많은 사람에게 공감을 받지 못했을 것이다.

그러나 돈을 벌지 못했던 순간부터
돈을 조금 벌었던 순간, 돈을 많이 벌었던 순간,
다른 전문가들은 공개하지 않는 돈을 많이 잃었던 순간까지,
그 모든 과정이 날짜가 기록되는 채널에
남아 있기 때문에 내 글은 많은 공감을 받았다.

그러니 당신도 지금 당신의 평범함이 가장 큰 무기임을,
그리고 지금 쓰는 평범한 글이 최고의 효과를 만들어줄
마법의 지팡이임을 반드시 기억하자.

마지막으로 어떤 채널에 글을 써야 할까?
나는 한 치의 망설임 없이
당신에게 가장 익숙한 플랫폼으로 시작하길 권한다.

날짜가 명확하게 기록되는 플랫폼이라면
어떤 것이든 상관없다.

싸이월드라는 플랫폼이 망했어도
나는 여전히 제대로 우려먹고 있지 않은가?

그저 당신이 스스로 하지 않음에 대한 핑계를
최소한으로 댈 수 있고,
10~30분만 사용해도 글을 작성할 수 있는
당신의 손에 가장 익숙한 플랫폼을 사용한다면
그걸로 충분하다.

당신의 이야기에서
시작하면 된다

지금까지 시장에 자신을 알리기 위해서
최고의 효율을 내는 채널을 선택해
최대한 글을 편하게 작성할 수 있는 공간을
선택하는 게 좋다는 설명을 했다.
그다음에 살펴봐야 하는 질문은 무엇일까?
그것은 바로 '시장에 나의 무엇을 알려야 하는가'다.

정답부터 말해주겠다.

아니, 정답은 처음부터 말해줬다.
바로 당신의 자기선언문이다.
더 구체적으로는 자기선언문에 대한 당신의 생각이다.
시장에 알려야 하는 것은 자기선언문에 담긴
당신의 과거와 현재, 그리고 미래이기 때문이다.
예를 들어 설명해 보자. 여기 자기선언문 하나가 있다.

10년간 자취하며
오늘도 혼자 사는 즐거움에 빠져 있는
독립 가구 설계자 ○○○입니다.

이것은 최근에 내게 상담을 받은 젊은 분이
스스로 작성한 자기선언문이다.

지방에 살던 이분은 서울에 있는 중위권 대학교에 입학한 후
4년 차 직장인으로 일하며 약 10년간 자취 생활을 하였다.
MBTI 중 I의 성향이 강해 사람 만나기를 좋아하지 않았으며
예전에는 주변과 어울리지 못하는 자기 모습에
적지 않은 스트레스를 받았다고 한다.
하지만 타지에서 10년간 자취 생활을 하면서

오히려 혼자 지내는 걸 더 좋아하는 자신을 알게 되었다고 한다.
자신을 위해 여러 가지 흥미로운 것들을 찾으며
이런 결핍을 많이 해결하게 되었고,
지금도 즐겁게 생활하고 있다고 말했다.
그래서 과거와 현재의 자신을 통해
본인처럼 혼자 살아가고 있는 사람들에게
조금 더 즐겁고 알차게 살 수 있는 여러 가지 정보를
서비스나 상품으로 제공하는 일을 업으로 하고 싶어졌다고 했다.

1인 가구는 계속 증가하고 있고,
특히 코로나 이후에는 여러 사람이 모이는 문화가 많이 사라졌다.
이분이 하고 싶은 일은
지금 시대의 혜택을 받는 분야라 생각해서
자기선언문을 본 순간 추가적인 고민 없이
이분이 바라는 방향으로 컨설팅을 진행했다.

만약 이분이 채널을 만들었다고 생각해 보자.
가장 먼저 올려야 하는 이야기는 무엇일까?
그것은 바로 자기선언문에 적은 각 문장 혹은 단어에 대한
자기만의 생각과 해석이다.

"10년간 자취하며"에서 출발한다면

자취한다는 것의 의미,
10년간 자취하며 느꼈던 자취의 장단점,
집을 구할 때 주의해야 하는 점,
잘못된 집을 구해서 고생했던 기억,
반대로 좋은 집을 구해서 행복했던 기억,
자취 용품에 관한 이야기 등이 있을 것이다.

"오늘도 혼자 사는 즐거움에 빠져 있는"에서 출발한다면

혼자 있는 게 더 즐거운 이유,
혼자서 하기 좋은 취미나 활동,
혼자 있을 때 조심해야 하는 요소들,
본인에게 가장 즐거운 경험이나 취미 등이 있을 것이다.

"독립 가구 설계자"에서 출발한다면

독립 가구가 가지는 의미,
'설계자'라는 말의 의미,
독립 가구를 위해 있었으면 하는 상품이나 서비스,
독립 가구에게 자신이 제공하고 싶은 상품이나 서비스,
그런 상품이나 서비스를 개발하기 위한 과정 등이 있을 것이다.

이 내용이 반드시 채널의 첫 번째 글이 되어야 한다.
내가 그렇게 말하는 이유는 크게 두 가지가 있다.

1. 자기 확신을 가지기 위해서다

자기선언문을 작성하고도
얼마 가지 못하고 쉽게 포기하는 이유는
스스로에 대한 확신이 서지 않기 때문이다.

'이게 될까?'라는 생각 때문에 스스로에 대한 불안감이 생기고
방향성에 대한 불안감으로 결국 포기하게 된다.
그럼, 불안이 아닌 확신은 어떻게 가질 수 있을까?

모든 불안은 '무지'에서 시작된다.
낯선 이가 다가왔을 때 불안한 이유는
그 사람이 어떤 사람인지 알지 못해서 불안한 것이다.
나 역시 지금도 어떤 주제로 강연할 때
평소보다 더 떨리고 불안한 순간이 있다.
그런 순간들은 대부분

강연의 주제에 대한 확신이 스스로 없는 경우다.

내가 지금의 나를 설득하지 못하는데
남을 설득하여 비즈니스 모델을 만든다는 것은
사실상 불가능에 가깝다.
결국 자신을 알리는 데 자기선언문을 활용한다는 것은
곧 자기가 선언한 내용에 대해 스스로 알아간다는 뜻이다.

채워질수록 확신하게 되고 확신할수록 잘 알릴 수 있게 되며
잘 알릴 수 있게 되었을 때
비로소 시장에 팔 수 있는 가치의 씨앗이 된다.

자기가 선언한 것에 대해 스스로 알아가는 행위 역시
특별히 어렵게 생각할 필요는 없다.
가장 쉽게는 ChatGPT 같은 곳에 검색해 보면 된다.
나 역시 방금 ChatGPT에다가 독립 가구에 관해서 물어보았다.
정확히 3초가 걸렸고
독립 가구의 개념, 유형, 예시, 차이점,
사회 트렌드까지 읽어볼 수 있었다.
이 내용을 정리하며 작성하고

거기에 자기 생각과 상황을 대입시키면 된다.

이렇게 하루에 하나씩 작성하다 보면
자신이 걸어야 할 방향에 대한 지식이 생기고,
그런 지식과 자기 생각이 모여 '확신'을 만들고,
그런 확신이 모여서 '행동'을 만들고,
그런 행동이 모여서 결국 포기하지 않고
시장에 나를 알릴 수 있는 사람으로 거듭나게 된다.

2. 자신만의 색을 가지기 위해서이다

포기하지 않고 자기선언문에 적힌 문구에 대한
생각을 확장하고 글로 남길수록
'나'라는 사람이 가진 색이 뚜렷해진다.
자기선언문에 적은 문구는 다른 사람과 중복될 수 있다.
하지만 그 문구에 대한 본인의 해석이나
경험은 사람마다 각기 다를 것이다.

똑같이 10년 자취했다고 하더라도

누군가는 결혼을 생각하지 않고 자취를 하고
누군가는 결혼을 생각하며 자취를 할 수 있다.
이 둘이 할 수 있는 이야기는 완전히 다르다.

독립 가구에 대해서도
누군가는 일시적인 독립 가구를 꿈꾸는 사람일 수 있고
누군가는 지속적인 독립 가구를 꿈꾸는 사람일 수 있다.

결국 자신의 상황과 생각이 자신만의 색이 되고
자신만의 색은 곧 시장에서 차별점을 만든다.

단순히 자기선언문으로 나를 시장에 알리는 것이 아니라
자기선언문에 담긴 자신의 색을 시장에 알리는 것이다.
이 모든 과정은 결국 하나의 단어로 요약된다.
모두가 강조하는 브랜딩이다.
하지만 막상 자기 브랜딩을 하라고 하면
쉽게 시작할 수 있는 사람은 흔치 않다.

브랜딩을 해석하는 이론은 너무나 많고
브랜딩을 만들어준다는 기법 또한 너무나 많다.

수많은 이론과 기법이 난무하는 사이에
브랜딩은 어느새 어려운 무언가가 되어버린다.
필요하지만 평범한 사람이 하기에는 낯설고 특별한
무언가가 되어버리는 것이다.

하지만 이 책은 평범한 사람을 위해 쓰였고
극현실적인 방법으로 부자가 되는 방법을 알려주는 책이다.
어렵고 복잡하게 생각하지 말고,
딱 지금까지 내가 말했던 대로만 브랜딩을 실천해 보자.

글을 작성할 수 있는 그 어떤 채널이라도 만들어서
스스로 결정한 자기선언문에 담긴 문장 하나하나에
나의 생각을 담아 자유롭게 펼치며
그 이야기 하나하나를 오늘부터 꾸준히 쌓아가는 것.
그것이 이 단계에서 당신이 해야 하는 가장 중요한 일이다.

이제 당신이 먼저
제안하라

자, 이제 FORGE 단계의 마지막이자
세 가지 질문의 마지막 질문에 답할 차례다.
시장에 나를 언제까지 알려야 하는가?
결론부터 이야기하겠다.
시장에 인정받는 것을 넘어 제안할 수 있을 때까지다.

그 제안으로 얻어내는 수익이 천만 원이 넘을 때
길고 꾸준했던 당신의 FORGE 단계는 끝이 나게 된다.

그때 당신의 브랜딩은 완성되어 있을 것이고
세상은 당신에게 '창업가'라는 수식어를 붙여줄 것이다.
그날을 기대하며 실천을 계속 이어나가 보자.

처음 FORGE 단계를 설명하며 이 단계는
'나의 이야기를 시장으로부터 인정받는 단계'라고 말했다.
그럼 이런 생각이 들 것이다.
시장이 인정하고 있는지, 그렇지 않은지를
어떻게 알 수 있을까? 이건 매우 쉽다.
시장이 요청하는가, 그렇지 않은가를 보면 된다.

예를 들어보자.
내가 알고 있는 친한 이 중에
누구보다 와인을 좋아했던 한 친구가 있었다.
와인이라고 하면 거창해 보이고 특별해 보이기도 하지만
이 친구가 와인을 시작하게 된 계기도 결국 '결핍' 때문이었다.

이 친구의 결핍은 '사람과의 관계'였다.
외동으로 태어나 바쁜 부모님의 손에 자란 그는
늘 관계에 대한 결핍이 있었지만

관계를 위한 술자리는 늘 그에게 곤욕이었다.

우선 술을 못 마셨다. 그렇기 때문에
그 술자리에서 보내는 시간도 견디기 힘들었다고 했다.
오죽했으면 그는 사회생활 초년기에
매일 "술 마셔서 힘들어"라는 이야기를 입에 달고 살았다.

그랬던 그는 우연히 와인을 알게 되었고
와인에 담긴 이야기를 공부하며 술을 마실 때
남들보다 '있어 보이는' 느낌도 들고,
배움의 재미를 느꼈으며,
적은 양의 술을 마셔도 충분히 이야기를 나누며
관계가 형성되어 '결핍'을 채울 수 있었다고 한다.

그리고 그 과정을 남기기 위해 인스타그램을 만들었다.
이후 몇 년 동안 본인의 인스타그램 속에는
오직 와인에 관련된 이야기만 담겼고
그의 인스타그램이 조금씩 유명해지면서
와인에 대한 이야기를 통해 소통하는 사람들이 생겨났다.
그리고 얼마 지나지 않아 하나둘씩 그에게 와인 관련 리뷰를

부탁하는 사람도 생겼고, 시간이 조금 더 지나고 나서는
업체에서도 연락이 오기 시작했다.
그 부탁을 들어주면서 채널에 담긴
그의 와인 이야기는 더욱 풍성해졌다.
정기적인 와인 모임이 만들어졌고
오프라인 모임을 통해 많은 사람을 만나며
와인에 대한 시장의 욕구를 확인해 갔다.

마침내 지금까지 쌓은 자신의 이야기와
유명해진 자신의 인지도를 활용해
좋은 와인을 직접 수입하기도 하고
와인을 브랜딩해 유통하는 일을 시작했다.

현재 그는 와인 유통업을 하고 있다.
와인 시장이 한풀 꺾였음에도 불구하고
매달 수천만 원 이상의 수익을 내고 있다.
그 친구에게 남들과 다른 특별함은 딱히 없었다.
다만 자신의 결핍을 극복할 수 있는
와인을 누구보다 좋아했다는 것,
좋아하는 와인을 인스타그램으로 꾸준히 남겼다는 것,

시시각각 변하는 시장의 반응과 요청을
직접 느끼고 있었다는 것, 이것만이 달랐을 뿐이다.

이 성공 스토리는 이제부터 당신에게도 일어나게 될 것이다.
당신이 만든 채널을 통해 자기선언문과 연결된 당신의 이야기를
하나씩 해나간다고 가정해 보자.
어느 순간 조금씩 방문자가 늘어날 것이다.
여러 사람과 채널을 통해 소통하게 될 것이고
당신은 자신의 이야기를 꾸준히
채널에 쌓아가는 일을 반복할 것이다.

그리고 어느 날,
시장이 당신에게 요청하는 순간을 맞이할 것이다.
와인 인스타그램을 했던 내 친구에게
리뷰를 요청하는 사람이 생겼듯이 말이다.

시장이 어떤 요청을 하는지는
당신이 하고자 하는 일에 따라 달라질 것이다.
예를 들어 당신이 브랜딩이나 철학 등 지식에 대해
이야기를 하고 싶어 하는 사람이라면

강연 요청이 들어올 수도 있고,
출판사에서 출간 제의가 들어올 수도 있을 것이다.

당신이 시장에서 어떤 물건을 판매하고 싶은 사람이라면
그 물건이 카테고리에 있는 다른 기업에서 당신에게
리뷰 협찬이나 공동 구매 진행을 제안할 것이다.
운이 좋으면 처음부터 함께 그 물건을 제작해서
판매해 보자는 협업 요청이 올 수도 있을 것이다.

바로 이런 행동들이 지금까지
당신이 쌓아온 이야기를 시장에서 인정하는 일이다.
시장이 인정한다는 말과
시장이 요청한다는 말은 같은 의미다.
그리고 이 말은 당신의 브랜드가 생겼다는 말과 동일하다.

만약 이런 요청을 받았다면,
이젠 당신이 시장에 제안할 차례다.
이미 브랜드가 만들어진 당신을 이용해
하고 싶은 일을 시장에 제안하는 것이다.

와인 인스타그램을 했던 친구가 와인 정기 모임을 만들고
참여자들에게 와인을 추천하며
유통업을 자연스레 시작했듯 말이다.

당신이 시장에 제안하는 것은
시장이 당신에게 요청한 것과 크게 다르지 않다.
당신이 여러 기업에 스스로 자신을 소개하며
강연을 열어달라고 제안할 수도 있을 것이고
스스로 출판사에 연락해 자신을 소개하며
도서 출판을 제안할 수도 있을 것이다.

질 좋은 제품이 있다면 당신의 채널을 방문하는 사람을 대상으로
공동 구매 프로젝트를 열 수도 있을 것이며
더 나아가 그런 제품을 모아서 파는 스마트스토어를 열어
채널에 방문하는 사람들에게 자연스럽게 스토어 방문을
유도할 수도 있을 것이다.

장사를 시작해도 괜찮다. 그 소식을 채널에 알리고
지속적으로 장사에 관한 당신만의 이야기를 한다면
당신의 가게는 이미 당신을 알고 찾아오는

손님으로 성황을 이룰 것이다.

이 모든 것들이 가능한 이유는 시장의 요청을 받기 시작한 순간 당신이란 브랜드가 생겼기 때문이다.

시장은 이제 당신의 요청을 쉽사리 무시할 수 없게 된다.

그리고 당신의 요청으로 만든 수익이 월 천만 원이 넘는 순간 비로소 FORGE 단계를 마무리할 수 있게 된다.

여기서 주의할 사항은 당신의 의지로,
당신이 요청해서 만들어진 수익이라는 점이다.

시장이 요청해서 만드는 수익과
당신이 요청해서 만드는 수익은
내용은 비슷할 수 있지만 성질은 완전히 다르다.
전자는 수동적 수익이고 후자는 능동적 수익이다.

가령 당신의 채널을 통해 어떤 기업에서 강연을 요청해 백만 원의 강연료가 생겼다고 가정해 보자.
이때 수익은 시장에 요청해서 당신에게 준 것이다.
즉 시장이 당신에게 남겨준 수익, 수동적 수익이다.
반대로 당신이 여러 기업의 교육 담당자에게

우리의 목표는 수동적 수익을
능동적 수익으로 바꾸는 것이다.

당신을 소개하는 자료와 강연 자료를 뿌려서
강연을 열게 되어 100만 원의 수익이 생기거나
혹은 스스로 자신의 채널에서 강연을 연다는 사실을 알리고
100명을 모집해 강연한 뒤 백만 원의 수익을 냈다고 가정해 보자.
이것은 당신이 스스로 시장에게 제안해 만든 수익,
즉 능동적 수익이다.

수동적 수익은 어찌 되었든 시장의 영향을 받는다.
시장이 허락하지 않으면 수익을 낼 수 없는 것이다.
이런 수익은 변동성이 높고, 당신 스스로도
수익 구조를 확신하지 못한다.

2018년부터 자기선언문을 완성하여
영업과 관련된 강연을 하는 친구가 있었다.
많은 GA 보험사(소규모 보험사)나 애터미, 암웨이 등과 같은
네트워크 마케팅 영업이 필요한 조직에서
요청을 많이 받아 그곳에 꽤 자주 출강을 하였다.

나는 그 과정을 되도록
'당신이 몰랐던 진짜 영업 이야기'라는

주제의 채널을 만들고 활동하기를 추천했으나
안타깝게도 이 친구는 '돈이 되지 않는다',
'누가 관리하냐, 귀찮다'라는 이유로 계속 미루었다.
그러다가 코로나라는 악재가 생겼고
'집합 금지 행정명령'으로 인해 대부분의 강연이 취소되었다.
새로운 강연은 열리지 않았고, 무려 2년 동안
그는 강연 수입을 벌지 못해 아주 힘든 시간을 보냈다.

만약 그가 자기선언문을 완성하는 순간 바로 채널을 만들어
오프라인으로 자신의 강연을 들었던
수천, 수만 명의 사람을 한 공간에 모아 자신의 이야기를 했다면,
'코로나 시대 영업은 이렇게 할 수 있습니다'라는 강연을
온라인으로도 할 수 있었을 것이다.
그러니 반드시 명심하자.
시장이 주는 수동적 수익에만
당신의 시간을 모두 사용해서는 안 된다.

만약 당신이 그렇게 살아간다면 세상은
당신을 그저 '프리랜서'라고 부를 것이다.
물론 당신도 시장의 요청이 생기는 순간부터

프리랜서의 명함을 가지게 될 것이다.
그러나 우리가 지향해야 하는 목표는
우리가 받아야 하는 명함은 '창업가'다.
창업가의 수익은 당신이 시장으로부터 얻어낸 수익이다.

이 과정에서 당신은 스스로 시장에게 제안하는 법과
수익을 내는 법을 배울 수 있다.
가령 열 곳의 기업에 강연 요청을 했더니
그중 평균 두 곳의 기업으로부터 수락을 받아내는 경험이나
자신의 채널에서 특정한 주제로 강연을 열었더니
평균 몇 명의 사람이 모이고, 한 달에 한 번씩 열었을 때
그 수가 일정하게 유지되는 식의 경험 말이다.

즉 능동적 수익을 내는 순간
당신은 스스로 수익 구조를 확신할 수 있으며 변동성이 적어진다.

그렇기에 같은 천만 원의 수익이라도
수동적 수익이라면 언제든 수익이 떨어질 수 있지만
능동적 수익이라면 수익 구조가
대부분 일정하게 유지되는 것이다.

일정하게 유지된다는 것은
곧 자신의 현재 위치이자 실력이
그 단계에 도달했다는 소리다.

시장이 당신에게 요청을 보내는 것을 신호로
당신이 시장에게 제안하는 것이 완성되는 순간까지,
그래서 당신의 제안으로 월 천만 원을 넘길 때까지
채널을 통해 당신의 이야기를 쌓아가는 일을 멈추지 말아야 한다.

그리고 마침내 전부 이루어졌을 때,
축하한다.
당신은 이제 창업가가 되었다.

미션 5

블로그에 자기선언문에 대한
뜻 작성하기

지금까지 글을 읽으면서 2단계인 FORGE 단계에서
무엇을 해야 되는지 어렴풋이 알게 되었을 것이다.
그러나 어렴풋이 알고 있는 것과 행동하는 것은 다른 영역이다.
구체적으로 내가 실천했던 행동과
내가 봐왔던 부자들의 행동 속에서
당신이 따라 했으면 하는 미션을 제안하고자 한다.

만약 당신이 '모든 부자가 자기선언문을 작성하고
그 뜻을 해석하는 채널을 보유하고 있진 않아!'라고 생각하며 실천하지 않을 핑계를 댄다면 딱 한 마디만 해주고 싶다.

그래서 나도, 그 부자들도 짧게는 10년,
길게는 수십 년이 걸렸다고 말이다.

당신이 이 책을 구매한 이유는
수십 년의 시간을 써서 부자가 되기 위함이 아니라
수년의 시간 안에 부자가 되기 위해서라고 믿는다.
나 역시 마찬가지다. 당신은 나보다 조금 더 빨리 갔으면,
당신은 나와 달랐으면 하는 마음이다.

하지만 누구도 당신 대신 달리지 못한다.
100킬로미터를 달리든 10킬로미터를 달리든
결국 달리는 건 당신이어야 한다.
그러니 이 미션지를 따라 지금 바로 달려가 보자.

자기선언문을 작성하였으면
이제 그 선언문에 대한 해석이 필요하다.
당장 가장 접근하기 쉬운 블로그, 카페 등의 채널을 만들어
그곳에 자기선언문을 써보자.

그 첫 번째 단계로 당신은 자기 자신을 소개하면 된다.

[1단계] 제목: 저를 소개하겠습니다.
         내용: 안녕하세요.
         20년간 돈을 공부하며
         돈을 가르치고 있는
         전업 투자자 JB입니다.
         앞으로 잘 부탁드립니다.

간단하다. 그리고 이 선언문에서 스스로를 정의한
네 가지 문구에 대해 자신만의 답변을 준비해 보자.

1. '돈을 공부한다'라는 것이 무엇인지
2. '돈을 가르친다'라는 것은 무엇인지
3. '전업 투자자'는 무엇인지
4. 왜 'JB'라는 필명을 쓰는지

지금부터 이 질문에 대한 답변을 완성하는
여러 가지 세부적인 질문을 스스로 던지고 답하면 된다.

예를 들어 돈을 공부한다는 것이 무엇인지를 설명하려면 어떤 질문으로 시작하면 좋을까? 이렇게 작성할 수 있다.

[2단계] 제목: 돈이란 무엇인가?

내용: 안녕하세요.
20년간 돈을 공부하며
돈을 가르치고 있는
전업 투자자 JB입니다.

오늘은 '돈이란 무엇인가'에 대한
저의 생각을 이야기하고자 합니다.
우선 돈이 지니고 있는 사전적 의미는 무엇일까요?
1. 상품의 교환 수단으로 쓰이는 것
2. 경제활동에 필요한 자금
이렇게 정의되고 있습니다.

그럼 자본주의 시대에서의 돈은 어떤 가치를 가지고 있을까요?
1. 선택의 자유를 보장하는 힘
2. 시간을 사는 도구

3. 신뢰와 거래의 기반

(검색한 정보를 정리해 지식 전하기)

무엇보다 저에게 돈은 조금 더 깊은 의미가 있습니다.

저는 한때 돈보다 행복을 중요시했습니다.

그래서 스스로가 행복한 삶을 살기 위해서

어떤 것이 필요한가 물어봤습니다.

그랬더니 '여유로운 아침을 맞이하며

커피 한잔의 여유를 즐기고 싶고

하고 싶은 일에만 시간을 쓰고 싶고

가족에게 좋은 것을 해주고 싶고

싫어하는 사람보다 좋아하는 사람과의 관계만

형성되었으면 좋겠다'와 같은 것이었습니다.

그리고 시간이 지나 다시 돈을 바라보니

놀랍게도 이런 것들의 95퍼센트 이상은

돈으로 해결되는 것이었습니다.

그래서 저는 '어쩌면 돈이 곧 행복한 삶은 아닐까?'라고 생각하게 되었던 것 같습니다.

그래서 돈을 공부한다는 것이

삶을 공부한다는 것과 동일하다고 생각합니다.

(지식에 나의 솔직한 경험과 생각을 더하기)

이런 형식으로 자기선언문에 대한 답을 찾기 위한
글을 스스로 작성하면 된다.

돈을 알아봤으니 이제 다음 글은 '공부란 무엇인지'
'돈 공부와 일반 공부의 차이는 무엇인지'
'무엇이 살면서 더 중요한지'
'언제부터 돈 공부를 해야 되는지' 등 제목을 바꿔가며
습득한 지식을 설명하고, 거기에 나의 생각을 더하면 된다.

이러한 과정이 흐릿한 당신의 미래를
가장 빠르고 뚜렷하게 만드는 방법이자
당신만의 색깔을 가질 수 있는 가장 빠른 방법이다.

다시 한번 이야기하지만 당신이 이 책을 읽는 이유는
부자가 되는 과정을 단축하기 위함이다.

그러니 당장 시작해 보자.

자기선언문에 담긴 단어와 문장을 스스로 정의해서
일주일에 두 편의 글을 완성해 보자.
언제까지 해야 할까? 최소 당신의 채널에서 처음 방문한 사람이 보기에
한 페이지 정도는 가득 차 보이는 순간까지 써보자.
적어도 10~15개 정도의 글이 작성되어야
사람들이 당신의 채널을 구독할 만한 채널로 인식하게 된다.

> 미션 6
>
> ## 나와 본질과 관련된 커뮤니티 세 곳, 나의 가치를 알아줄 커뮤니티 세 곳 찾기

10개의 글을 완성했다면 처음과는 다르게 당신은
스스로의 선언문에 애정이 생겼을 것이다.
그 애정이 담긴 나의 선언문을 이제 시장에 내놓아야 한다.
그리고 그 속에서 자신의 실력을 높이고
잠재고객을 만들어야 한다.

그렇게 뻗어나갈 수 있는 시장은 어디일까?
나는 크게 두 가지 커뮤니티를 찾는 것을 추천한다.

1. 나의 본질과 관련된 길을 걷고 있는 커뮤니티
2. 나의 가치를 알아줄 커뮤니티

1번은 나의 실력을 높여줄 커뮤니티고
2번은 나의 새로운 고객을 발견해 줄 커뮤니티다.

예를 들어 설명해 보자. 와인이 본질인 사람이 있다면
1번 커뮤니티는 와인으로 돈을 벌고 있는 사람의 커뮤니티다.
그들이 어떤 이야기를 하고 있으며
그걸 통해 어떻게 브랜딩하고 있는지
무엇으로 비즈니스를 하고 있는지를 배워야 한다.

육아가 본질인 사람이 있다면 육아와 관련된 콘텐츠로
돈을 벌고 있는 사람을 찾아서 살펴보면 되고
직장인이 본질인 사람이 있다면
직장을 다니며 브랜딩에 성공한 사람들을 찾아서
그들의 전략을 배우면 된다.
물론 이러한 과정에서 몇몇 사람은 거부감을 느낄 수 있다.
'따라 한다'라는 것에 대한 거부감이다.

그러나 여러분이 반드시 알아야 하는 사실은

'모방은 창조의 어머니'라는 문장이다.

아마존 밀리언셀러 작가 오스틴 클레온은
자신의 책 『훔쳐라, 아티스트처럼』에서
모든 창의적인 일은 모방에서 시작되며
창의성은 완전히 새로운 것을 만드는 게 아니라
기존의 것을 자기만의 방식으로 연결하는 능력이라고 표현했다.

중요한 것은 나보다 한발 앞서 걷는 자들에게 배우고
거기에 나만의 생각을 더해야 된다는 것이다.

'나만의 생각'이라고 하면 부담스러울 수 있지만
쉽게 설명해서 '나의 환경에 맞춘다'라고 생각하면 쉽다.

예를 들어 '직장을 다니며 와인을 마신다'라는
요약된 자기선언문을 가진 사람이
와인과 관련된 아주 유명한 사람을 찾아
그가 파는 값비싼 A 와인을 접할 기회를 얻었고,
그 와인에 관한 여러 정보를 들은 다음
자신의 생각을 정리했다고 가정해 보자.

평범한 직장인인 이 사람이 머무는 일상에서는
그 정도의 와인을 마실 수 없기 때문에
이 경험을 바탕으로 그는 이런 주제의 글을 쓸 수 있다.

아주 값비싼 A 와인과 거의 흡사한,
홈플러스에서 살 수 있는
직장인의 와인 1~3위

어떤가? 나의 환경에 맞춰,
즉 이 책을 읽은 당신이 만든 선언문에 맞춰
A 와인에 대한 정보와 스토리를 배운 다음
선언문에 어울리는 주제로 글을 쓰면 된다.

정리하자면 자신의 본질을 한 단어로 정리하여
그것으로 돈을 벌고 있는 커뮤니티 세 곳을 찾고
그들에게 배운 뒤 나의 생각(선언문)을 더하자.

그리고 그렇게 형성된 나만의 콘텐츠를
나의 가치를 알아줄 세 곳의 커뮤니티에 알려야 한다.

세상에 당신이 알지 못하는
엄청나게 맛있는 요리를 하는 요리사들은 많다.
그러나 당신이 구매해서 먹는 요리는
당신 근처에 있는 식당에서 파는 음식이다.
지금부터 당신이 해야 되는 다음 행동도 마찬가지다.

**세상 사람이 당신이 누군지, 무슨 요리를 하는지도 모르는
나 홀로 대단한 요리사가 되기보다는
구매할 사람이 모여 있는 곳에서 최대한 빨리
당신의 음식을 알려야 한다.**

앞에서 든 사례로 이야기를 이어가 보자.
와인과 관련한 콘텐츠를 어디에 올려야 될까?
바로 와인을 주로 다루고 있는
와인 동호회의 커뮤니티, 와인 구매와 관련된 커뮤니티,
와인 지식을 공유하는 커뮤니티 등이
일차적으로 떠오르는 공간이다.
조금 더 확장해 나간다면 술자리 모임 커뮤니티,
취미와 관련된 커뮤니티,
직장인의 일상생활과 관련된 커뮤니티 등으로 확장할 수 있다.

이런 커뮤니티를 직접 찾아서 가입하고
그곳에 당신이 만든 콘텐츠를 지속적으로 올려야 한다.

이렇게 말하면 새로운 콘텐츠를 엄청나게 많이,
꾸준히 만들어야 한다는 생각이 들어 부담스러울 수 있지만
실제로는 전혀 그렇지 않다.
방법은 간단하다.
자신의 채널에서 처음 글을 작성하고 그 글을 복사해서
조금 전 가입한 커뮤니티에 붙여넣기만 하면 그만이다.

당신의 시간은 일시적으로 사용되었지만
즉시 수천, 수만 명의 사람들에게 노출되는 효과를 볼 수 있다.
또한 과거에 작성해 둔 글을 새롭게 조합하여
더 좋은 글을 꾸준히 생성하는 성과도 낼 수 있다.

예를 들어
직장인의 취미에 관련된 글을 쓴 내용(A)에
와인에 대한 글을 쓴 내용(B)을 더해
직장인이 취미로 와인을 선택해야 되는 이유(C)를
작성할 수 있는 것이다.

즉 A + B = C라면 A라는 글도 이미 써둔 글이고
B라는 글도 이미 써둔 글이다.
C를 완전히 새롭게 만들 이유도 없다.

이렇게 새로운 글도 기존의 글도 활용하면서
당신이 찾은 커뮤니티에 있는
수천, 수만, 수십만 명의 사람에게 지속적으로 노출될 수 있다.

아쉽게도 과거의 내가 하지 않았던 단계가 바로 이것이다.
그래서 진심으로 후회스럽다.
나는 앞서 예시로 들었던 '나 홀로 요리사'였다.
그저 나의 채널에만 나의 생각을 올렸다.
멍청한 자격지심과 알량한 자존심을 세워
시장의 요청에도 응하지 않았다.

15년 전 내 채널의 글이 잠깐 노출되어
아는 동생의 추천을 받아 주식 투자와 관련된
당시 가장 큰 커뮤니티에서 글을 연재하게 되었다.
그곳에서 2년 정도 활동했고
내 글은 항상 10위권 안에 들어가는 인기 글이 되었다.

그때 나에게 강사 제안이 들어왔다.

즉 시장의 요청이 들어왔던 것이다.

그러나 '투자 수익보다 높은 강연 수익을 얻을 수 없다'라는

알량한 자존심에 하지 않겠다고 하였고

얼마 지나지 않아서 커뮤니티에서도 강제 퇴장 조치를 당했다.

그 이후 누군가에게 알리지 않고

혼자 내 채널에 계속 나의 과정을 담았다.

그 과정이 세상에 나오기까지 10년이라는 세월이 걸렸다.

그리고 더 아쉬웠던 점은 그때 내가 거절해

나 대신 강사로 참여했던 사람이

당시 그들의 투자 수익보다 10배, 100배 높은 강연 수익을 올렸다.

고작 1~2년 만에 총투자자산의 크기마저 역전을 당하면서

큰 좌절에 빠진 적도 있었다.

물론 '나의 행동이 정의로웠고,

그들의 행동이 부도덕하였다'라고 말해주는 사람도 많았다.

그러나 아쉽게도 그들 중에 부자는 없었다.

내가 만나본 부자들은 거의 대부분

"너의 선택과 그 정의로움을 응원한다"라는 말이 아닌
"왜 굳이 거절했냐"라고 이야기했다.
부자가 되고 나서 이 자격지심을 풀기까지 꼬박 10년이 걸렸다.
나에게 이 자격지심을 풀어준 한마디가 있었는데
여러분들에게 도움이 되리라 생각하고 적어본다.

"종봉아, 너는 똑같은 선택의 기로에서
너의 자식이 선택을 해야 한다면 뭐라고 조언할 것 같나?"

나는 "반드시 채널을 만들고, 그 채널을 알리며,
시장이 주는 요청의 기회를
꼭 잡으라고 말할 것 같습니다"라고 대답했다.
그 대답이 지금 당신에게 내가 하고 싶은 말이다.

미션 7

함께 공부하고 가르치기

지금까지 당신이 찾은 세 곳의 커뮤니티에서
그리고 당신의 채널에서 꾸준히 당신이 글을 쓰게 된다면
어느 시점에서 성장에 한계가 찾아왔음을 느낄 수 있을 것이다.
그 시점이 바로
당신이 누군가와 함께해야 되는 시점이고
당신이 누군가를 가르쳐야 되는 시점이다.

그럼 누구와 함께해야 되고 누구를 가르쳐야 할까?
간단하다.

당신과 함께 커뮤니티에서 활동했던 사람과 함께 공부하고
그들을 가르치면 된다.

예를 들어서
내가 와인 커뮤니티에서 활동을 했다면
거기에 있는 사람과 새로운 와인에 대해서 공부해 보고
새로 가입한 사람들에게
'와인을 마시면 좋은 이유', '와인을 대하는 태도',
'와인이 삶에 영향을 주는 세 가지 사항' 등의 주제로
무료 강연을 해주면 된다.

그리고 가르치는 주제 역시
당신이 자기선언문의 내용을 확장하면서 정의했던
즉 일시적인 시간으로 써둔 글과 칼럼을 다시 활용하면 된다.

그러나 안타깝게 이 시점에서 많은 사람이 걱정한다.
'내가 과연 가르칠 실력이 있을까?'라는 생각이
당신의 발목을 다시 붙잡는 것이다.

이때 당신이 '가르쳐도 좋다'라고 확신할 수 있는

기준이 무엇인지 정의해 주겠다.

**'내 휴대전화에 저장되어 있는 사람이
알고 있는 내용인가?'**

당신의 휴대전화에 저장되어 있는,
지극히 평범한 사람이 곧 시장이다.
많은 사람이 자신의 실력이 부족하다는 생각에
가르치는 일에 부담감을 느낀다.
그러나 당신의 시간과 정성을 들여 만든 내용이 필요한 사람은
지금도 존재하고 앞으로도 존재한다.
그리고 그 시장이 아무리 이미 존재하는 시장이고
작은 시장이라 할지라도, 당신에게
월 천만 원을 벌게 해주는 시장이 될 수 있다.
실제 사례를 통해서 이야기를 이어나가 보자.

2020년 코로나 위기가 터지고
많은 사람이 주식 시장에 관심을 가지게 되었다.
그때쯤 키움 증권 어플,
즉 MTS(스마트폰으로 주식거래를 할 수 있는 어플)를

사용하는 방법에 대해서 구체적으로 알려주는 채널이 있었다.

그 채널은 증권사에 계좌를 개설하는 방법,
MTS를 스마트폰에 저장하는 방법,
MTS를 통해서 매수·매도하는 방법,
신용거래를 하는 방법,
차트를 보는 방법,
재무제표를 보는 방법 등을 구체적으로 알려주었다.
이 내용은 심지어 키움증권 공식 유튜브나 홈페이지에
이미 자세히 나와 있었으며
상담원에게 전화 한 통이면 훨씬 쉽게 해결할 수 있었다.

잘 생각해 보라.
지금 이미 아주 많은 사람이 주식 시장에 참여하고 있고
MTS를 활용할 수 있다고 생각하겠지만,
당신의 휴대전화에 저장된 사람들을 살펴보자.

그들 중 위 내용을 알고 있는 사람이 얼마나 될까?
생각보다 적다는 사실을 당장 깨닫게 될 것이다.
그러니 가르치고 알려주는 행위를

부담스럽게 느낄 필요가 전혀 없다.

이런 내용에서 출발한 그는 어떤 결과를 얻게 되었을까?
고작 5년 만에 수십만의 구독자를 보유한 유튜버가 되었고,
자신의 커뮤니티에서 투자에 대한 강연을 매주, 매월 진행하며
때때로 슈퍼개미로 소개되고 있다.

어떤가? 그도 그때 처음 투자를 시작했지만,
아직 시작도 하지 않았던 투자자에게
필요한 정보를 주며 가르쳤고,
누군가와 함께 채널 속에서 정보를 서로 공유하며
꾸준하게 활동했다.

그저 투자를 시작하고 싶었다는 선언문에서 시작하여
그 과정을 작성하고 이를 가르치는 것으로 확장하여
'평범한 사람이 직장을 다니면서
투자할 수 있는 방법을 가르치는 전문가'라는
또 다른 자기선언문으로 확대되었다.

어느 순간 당신이 목표했던 것들에

조금씩 한계가 보이는 순간이 온다면
지금 당장 당신과 비슷한 길을 걷고 있는,
혹은 이미 걸어갔던 이들을 찾아가서
그들과 함께 공부하며 성장하고
그들에게 가르치는 일을 반드시 해보자.

과거에는 먼 거리를 오가며 활동해야 했지만
지금 같은 온라인 시대에서는
집에서도 충분히 여러 사람과 소통하며 가르칠 수 있다.

이 과정은 나도 진행했던 과정이며
최단기간에 부자가 된 내 주변의 이들도 거쳤던 과정이다.
그러니 누군가와 함께하며 누군가를 가르치는 일에
꼭 도전해 보자.

미션 8

맛보기 상품 만들고
유통시키기

이마트나 홈플러스 같은 대형 마트에 가면
늘 있는 것이 시식 코너다.
시식 코너에 있는 것을 맛보기로 먹다 보면
반드시 들려오는 이야기가 있다.
"지금 어떤 상품이 행사 중에 있어요",
"지금 어떤 상품을 구매하시면 1+1이에요"와 같은 이야기다.
이런 미끼 상품을 만드는 이유는 크게 두 가지다.

첫 번째는 많은 사람이 생각하는 것처럼

'맛을 보고 구매를 유도'하기 위해서다.
즉 구매 접점을 만드는 것이다.
그리고 여기에는 또 다른 내용이 숨어 있다.
바로 위에서 언급한
'정보를 통한 구매 욕구를 증폭'하기 위함이다.

**상품을 그냥 지나칠 수 있지만
시식 코너에서 잠깐 머물게 하며
"지금 어떤 상품이 행사 중에 있어요",
"지금 어떤 상품을 구매하시면 1+1이에요"라는 말로
구매 욕구를 증폭하는 정보를 주는 것이다.**

대기업이 큰 돈을 쏟아 유명 연예인을 고용해
TV 광고로 구매 접점을 만들고
구매 욕구를 증폭하는 것도 동일한 원리이며
중소기업이 비교적 적은 돈을 쏟아
인플루언서를 활용해 SNS를 통해 구매 접점을 만들고
구매 욕구를 증폭하는 것도 동일한 원리다.

지금까지 당신이 채널을 만들어

꽤나 괜찮은 내용으로 사람들과 소통하며
그들을 가르쳤던 경험이 있다면, 그 내용으로
이제 당신도 더 많은 사람에게
'구매 접점'을 높이고 그들의 지갑을 열 수 있도록
'구매 욕구를 증폭'시켜야 한다.

그렇게 하려면 어떻게 해야 될까?
사실 부자가 되려고 하는 사람은 이미 실천하고 있으며
아마 당신도 많이 들어봤을 것이다.

"지금 저를 팔로우하면 ×× 정보를 담은 PDF를 무료로 드립니다."
"지금 댓글을 다시는 분들께 ×× 정보를 무료로 배포해 드립니다."
"지금 아래 캡션에 더 구체적인 내용을 작성해 뒀습니다."

윗글을 뜯어서 보면
"지금 저를 팔로우하면(구매 접점)
×× 정보를 담은 PDF를 무료로 드립니다(구매 욕구 증폭)",
"지금 댓글을 다시는 분들께(구매 접점)
×× 정보를 무료로 배포해 드립니다(구매 욕구 증폭)",
"지금 아래 캡션에(구매 접점)

더 구체적인 내용을
작성해 뒀습니다(구매 욕구 증폭)"로 분석할 수 있다.

조금 더 구체적으로 이야기하자면
구매 접점은 채널을 확장하기 위한 것이고
구매 욕구 증폭은 매출을 높이기 위한 것이다.

그럼 이 원리를 바탕으로 이렇게 행동하는 것은 어떨까?
내가 가르쳤던 내용이 필요한 사람이 모여 있는 커뮤니티나
유튜브 채널을 운영하는 관리자에게
"나는 이런 주제로 이런 이야기를 하고 싶어요"라고 연락해서
이야기를 할 기회를 얻는 것이다.

또한 클래스101, 클래스유, 퍼스트캠퍼스 등과 같은
온라인 영상 기반 교육 플랫폼이나
크몽, 숨고, 당근과 같은 유·무료 온라인 플랫폼을 통해서
PDF 파일 혹은 전자책으로 나의 이야기를 할 수 있다면
당신은 구매 접점을 높이고
구매 욕구를 증폭시키는 일을 전부 해낼 수 있다.

자, 이제 왜 해야 되는지
어디서 해야 되는지 알았다면,
내용을 어떻게 만들어야 되는지도 알아보자.

나는 온라인 교육 플랫폼에서 앰배서더로 활동할 만큼
직접 많은 교육을 해봤고, 교육과 관련된 콘텐츠를
컨설팅하면서 여러 개 제작해 봤다.

그런데 많은 사람이 잘못 생각하고 있는 사실이 있다.
바로 '무료는 대충해도 된다'라는 생각이다.

최근의 상담에서도 "대표님, 이건 무료로 줄 거니까
이 정도면 충분한 것 같아요"라는 말을 했던 분이 있었다.
이것은 지극히 잘못된 생각이다.
'무료'가 주는 가장 중요한 장점은
누구나 참여가 가능하다는 것이다.

누구나 참여가 가능하다는 말은 아주 넓은 시장에서
내가 가진 가치를 소개할 수 있는
가장 좋은 기회가 만들어졌다는 것이다.

그래서 가장 많은 사람에게 노출되는
첫 번째 접점을 대강 만들지 말고 최선을 다해서 만들어야 한다.
무료라고 대충 만들어 만족도가 떨어진다면
오히려 많은 사람에게 좋지 못한 인상을 주게 되고,
장기적으로는 내가 제공할 가치에
부정적인 영향을 끼칠 가능성이 높다.

끝으로 맛보기 상품은
가급적이면 수치화된 '결론'을 담는 게 좋고
진짜 상품은 '과정'을 담는 게 좋다.

그 이유는 대중들은 결론에 관심이 많기 때문이다.
그리고 그들에게 최대한 많은 구매 접점을 만드는 게
맛보기 상품을 제공하는 1차 목적이기 때문이다.

예를 들어
2025년 직장인이 선호하는 와인 TOP 5
2025년 가성비 좋은 와인 TOP 3
2025년 지금 가장 투자하기 좋은 종목 혹은 섹터 한 가지
2025년 지금 당장 받아야 되는 정책자금 세 가지 등

결론에 대해서 이야기하는 것이 맛보기 상품으로 좋다.
그리고 이런 맛보기 상품을 유튜브라는 채널에 적용시키면?
섬네일이 된다.

그리고 진짜 상품에는
직장인이 선호하는 와인,
가성비 좋은 와인을 찾는 방법,
가성비 좋은 와인을 구매하는 방법,
투자하기 좋은 종목을 고르는 방법,
투자하기 좋은 섹터를 고르는 방법,
정책자금을 찾는 방법 등과 같이
구체적으로 행동하는 과정이 담기면 좋다.

**그리고 이 과정 중에서
한 가지 당신이 유의해야 될 점은
간혹 발생하는 일시적인 부작용에
흔들리지 않아야 한다는 것이다.**

이것을 나의 사례로 이야기해 보겠다.
2021년 많은 사람이 투자시장에 진입하면서

전문가라는 남의 이야기에 현혹되는 많은 사람에게,
투자에서 가장 중요한 것은 남의 이야기가 아니며,
자신의 환경과 성향에서 시작된
자신만의 투자 시나리오를 만들어나가야 한다는 내용을 담은
두 번째 책 『돈의 시나리오』를 출간하였다.
그리고 그 과정을 통해 완성된 나의 시나리오를
맛보기 상품으로 유튜브에서 공개하였다.
'시장을 이기는 종목', '지수를 이기는 종목'이라는 주제로 말이다.

단 세 번의 출연으로 천만 조회수를 기록하였고
덕분에 책은 종합 베스트셀러에 올랐다.
여기까지만 보면 괜찮은 전략이었지만 약간의 부작용도 있었다.
바로 사람들이 나의 '과정'에는
생각보다 더 관심이 없었다는 것이었다.

내가 지수를 선택한 이유,
매수·매도를 하는 나의 행동 기준,
전략을 만들었던 과정을 모두 담았지만
많은 사람이 원하는 것은 그저 더 좋은 결괏값이었다.
무료로 알려줬던 '지수를 이기는 종목', 그와 버금가는

혹은 그보다 좋은 전략이 책에 담겼을 것이라 생각했던 것이다.

유튜브에 노출이 되면서 책 판매량이 폭발적으로 늘었지만
그 시기에 구매 평이 그렇게 좋지는 못하였다.
오히려 나의 '맛보기 상품'을 보지 않았던 사람이
훨씬 좋게 이 책을 평가해 주었다.

**그럼에도 내가 굳이 이 과정을 하라고 하는 이유는
시장에 노출되지 않은 모든 상품은
결국 세상에 나온 적이 없는 상품이나 다름없기 때문이다.**

맛보기 상품은 내가 세상에 나와 시장에 노출되기 위한
가장 중요한 부분이다.
그러니 당신이 시장에 내놓을 수 있는 맛보기 상품을 정리해서
자신의 채널 혹은 다른 공간의 채널에서 활용해 보자.

**이제 당신의 맛보기 상품이 될 주제를 세 가지만 작성해 보자.
어렵다고 생각할 수도 있으니, 그간의 컨설팅에서
많은 사람이 떠올린 주제를 예시로 적어두었다.
이를 토대로 한번 작성을 시작해 보자.**

예시)　40대가 되고 나서 후회했던 아침 행동 세 가지

　　　20대 육아맘이 선택했던 육아 국민템 세 가지

　　　20년 차 직장인이 사회 초년생에게 조언하고 싶은 다섯 가지 이야기

　　　은퇴를 해보고 나서야 알게 된 은퇴 전 세 가지 준비 사항

　　　8년 차 헬스 중독자가 말하는 운동할 때 먹어야 되는 비타민 TOP 3

　　　5년 차 다이어터가 말하는 자기 전 절대 피해야 되는 세 가지 음식

　　　직접 취업을 해보고 느낀 취업해야 되는 회사의 조건 세 가지

　　　10년 차 피부과 전문의가 얘기하는 가성비 피부 시술 TOP 5

　　　모태 솔로를 탈출한 근본적인 이유 다섯 가지

　　　1년 차 초보 러너들이 반드시 구매해야 되는 러닝템 세 가지

_____

_____

_____

_____

_____

_____

…
자유로워질 것인가,
확장할 것인가

이 책을 읽는 대부분의 독자가
지금 이 단계까지 도달했을 거라고 생각하지는 않는다.
그러나 당신도 나와 함께 이 길을 걷다 보면
언젠가 각자의 선언문으로 서로 인사하며
마주할 수 있다고 생각하기에
그때 하고자 하는 말을 이 파트에 담고자 한다.
그런 꿈을 가지고 시작해 보겠다.

FREE 단계는 말 그대로 자유를 얻는 단계다.
좀 더 정확히는 자유를 얻을 권리를 가진 당신이
그 권리를 지니고서 선택해야 하는 단계다.

FREE 단계로 왔다는 것은 당신이 FIND와 FORGE 단계를
훌륭히 완수했다는 의미다. 이 시점에서 당신은
이 책을 처음 시작했을 때의 당신과는 달라졌다.
한마디로, 더 이상 당신은 평범하지 않다.

처음 당신은 지극히 평범했기에
당신의 유일한 도구는 시간이었다.
하지만 이제 당신에게는 돈과 브랜드, 두 가지가 생겼다.
월 천만 원 이상의 소득, 그리고 그 금액을 기꺼이 지급하는
시장에서의 브랜딩 말이다.
당신이 FORGE 단계를 계속 쌓을수록 돈은 커질 것이고
브랜딩은 강화되어 갈 것이다.

그렇다. 이제 당신은 더 이상 평범하지 않다.
그리고 다르게 이야기하면 평범하지 않은 사람의 돈벌이를
시작할 수 있다는 뜻이다.

평범하지 않은 사람의 돈벌이는
여러 가지 종류가 있겠지만 본질은 '시간의 확보'다.
앞서 말한 것처럼
FORGE 단계의 마지막이자 FREE 단계의 처음이
월 천만 원의 수익이라고 말했던 이유는
누군가를 고용할 수 있는 금액이기 때문이다.

당신이 FORGE를 위해 해오던 일 중에서
당신의 업을 위해 계속해야 하지만
굳이 당신이 할 필요가 없는 일들을 다른 사람에게
맡길 수 있다는 뜻이다.
그리고 다른 사람이 대신해 주는 만큼 당신에게는
원래 그것을 하기 위해 써야 했던 '시간'이 남게 되는 것이다.

그래서 FIND와 FORGE 단계가
자기의 시간을 자신에게 투여하는 행위라면
FREE 단계는
지금까지 투여한 자신의 시간을 다시 회수하는 단계다.

이제 당신은 시간을 아껴 써야 했던 존재에서

시간을 원하는 만큼 확보할 수 있는 존재가 되었다.
이 단계까지 왔다면 남은 질문은 한 가지다.
그렇게 확보한 시간으로 당신은 무엇을 할 것인가?

나는 이 질문에 스스로 답하기 위해
그리고 이 책에 담기 위해
10년간 '비서 팀'이라는 거창한 이름으로
나의 시간을 아웃소싱하였다.
타인의 시간을 나를 위해 사용하게 만든 것이다.
그 과정에서 내가 찾은 정답 세 가지를 말해보겠다.
당신도 세 가지를 선택할 수 있다.

깊어지는 것, 넓어지는 것, 행복해지는 것.

모든 것이 당신이 즐길 수 있는 것들이니
지금부터 즐거운 마음으로 하나씩 알아가도록 하자.

자신의 업이
깊어지는 확장

확보된 시간으로 당신이 할 수 있는 첫 번째 일은
당신의 일을 더 깊이 있게 만들어가는 것이다.
깊어지기 위해서는 이제
당신의 시간 구조를 새롭게 만들어야 한다.

처음 이 책을 접했던 과거의 당신이라면
아마 급여를 받기 위해 혹은 수동적인 이익을 얻기 위해
자신의 하루 중 10시간 정도를 사용했을 것이다.

그리고 남는 유동적 시간을 활용해서
FIND 단계와 FORGE 단계를 거치고 수년에 걸쳐
여기까지 왔을 것이다.
그리고 지금 단계에 도달한 당신이라면
다시 한번 동일한 상황을 마주할 수 있다.
아마 월 천만 원의 능동적 수익을 위해
지금 자신의 하루 중 10시간 정도를 사용하고 있을 것이다.

달라진 건 이제 당신의 브랜딩 혹은 채널을 통해
당신의 시간 가치가 높아졌으며
당신에겐 다른 사람의 시간을 사 올 수 있는
돈이 생겼다는 것이다.

그렇다면 이제 당신의 시간 구조를 반드시 새롭게 짜야 한다.
구조는 어떻게 만들어야 할까?

어렵게 느낄 수 있지만 생각보다 본질은 간단하다.
1. 내가 반드시 해야 하는 일인가?
2. 내가 반드시 하지 않아도 되는 일인가?
이 두 가지의 질문에 답하면 그만이다.

그리고 이 물음에 답하기 위해서는
자신의 하루를 정리해 보면 된다.

예를 들어보자.
앞서 말했던 와인 유통업을 하는 친구는
요즘 직원을 고용하기 위한 준비를 하고 있다.
이미 혼자서 월 수천만 원의 수익을 내고 있지만
이 금액이 자신이 혼자 일해서 벌 수 있는
최고치라 생각했기 때문이다.

이 친구가 그렇게 생각했던 배경이 있다.
그는 지금의 소득을 유지하기 위해
자신의 시간을 다음과 같이 사용하였다.
채널 관리, 콘텐츠 제작, 좋은 와인 선별, 와인 공구 진행,
와인 행사 기획 및 제안 미팅, 해외 와이너리(와인 양조장) 방문,
수입 와인 업무 진행, 와인 재고 관리, 고객 관리 등
주 7일 하루 15시간을 일하며 FORGE 단계에서
꾸준히 쌓은 시간을 온전히 사용하고 있었다.
더 높은 소득을 위해선 새로운 소득이 필요했고
새로운 소득을 위해서는

새로운 채널이나, 서비스, 혹은 제품이 필요했다.
이를 위해 타인의 시간을, 자기 일을 위해 끌어오기로 했다.

끌어온 타인의 시간을 자기 일 중 무엇에 사용할 수 있을까?
앞서 이 친구의 하루를 다시 한번 살펴보자.
여기서 이 친구가 반드시 해야 하는 일은
콘텐츠 제작, 와인 행사 기획, 좋은 와인 선별,
해외 와이너리 방문이었다.

남아 있는 일 중에서 사무실에서 진행할 수 있는
채널 관리, 와인 공구 진행, 수입 와인과 관련된 업무와
외부에서 진행할 수 있는
와인 행사 제안 미팅, 와인 재고 관리, 고객 관리 등의 일에는
사무직, 외근직 직원을 각각 한 명씩 고용할 계획이다.

이 과정이 바로 시간의 구조를 새롭게 만들어서
자신의 시간을 확보하는 과정이다.
그럼, 이제 확보된 시간으로 무엇을 할까?
이제 당신의 시간값은 브랜딩과 채널을 통해 높아졌다.
그것을 활용하여 보다 빠르게 새로운 수입을 창출할 수 있다.

예를 들어 이 친구의 주력 수입은 '와인 판매'였다.
뒤에 부수적으로 하는 대부분의 일도
결국 와인 판매를 위한 활동이다.
그러나 확보된 시간으로 와인뿐만 아니라
좋은 와인 잔, 와인에 어울리는 고급 치즈 등
와인 문화 전반에 필요한 물건을 유통한다면
훨씬 적은 노력으로 높은 수익을 창출할 수 있다.

이미 이 친구에겐 와인을 함께 마시는
수천 명의 사람들이 존재했고
그들에게 자신의 제품을 이야기할 수 있는
수만 명의 사람이 있는 채널이 확보되어 있기 때문이다.
이것이 FREE 단계에서 당신이 첫 번째로 할 수 있는
FORGE의 시간값에 대한 보상이며
자신의 업을 깊이 있게 만드는 과정을 가장 잘 보여주는 예이다.

더 가까운 사례도 무수히 많다.
한 분야의 주제로 꽤 괜찮은 구독자를 모았던
대부분의 유튜버도 FIND와 FORGE 단계를 잘 거치며
기획, 섭외, 촬영, 편집 등을 스스로 진행했지만

월 천만 원 이상의 채널 수익을 얻게 되면 대부분
기획·촬영만 스스로 하고 섭외·편집 등은 외주로 진행하면서
채널의 주제에 어울리는 상품, 예컨대
남성 외모와 관련된 주제였다면 남성 화장품, 의류, 액세서리 등을
홍보하거나 직접 홈페이지를 제작하여 판매한다.

이런 모든 행위가 결국 자신의 시간값을 재평가하고
그로 인한 시간 구조를 재편성하여
업에 대한 깊이로 만들어진 결괏값이다.

당신이 지금까지 쌓은 시간이란 가치를
타인의 시간이란 지렛대를 이용해
한 차원 더 높은 곳으로 올리는 일인 것이다.

타인의 업을 끌어오는 확장

앞의 사례는 와인이라는 한 분야를
깊이 있게 파고들었다면, 또 다른 방향도 있다.
**확보된 시간으로 당신이 할 수 있는 두 번째 일은
업을 다른 분야로 확장하는 것이다.**

다른 분야로의 확장이란 결국
새로 무언가를 시작한다는 뜻이다.
하지만 이것 역시 처음보다 훨씬 쉽고 빠르게 할 수 있다.

앞서 말했던 예를 다시 떠올려 보자.
와인 모임을 하면서 알게 된 최상위 소득 계층과
그들이 원하는 문화 경험에서 그는 새로운 기회를 발견했다.
초고급 와인 투어 여행이라는 여행 패키지를
사업화하겠다고 결심한 그는
이후 국내에서 여행 상품을 운용하는 몇 개의 업체에
관련 사업 협업 제안을 하게 된다.
그의 이름값 때문에 모든 업체에서 관심을 가졌고
그중 조건이 가장 좋은 업체와 협업을 시작했다.
처음에는 협업한 기업과의 패키지여행 상품을 준비했지만
훗날에는 자기 브랜드로 만든 여행업을 시작할 수도 있을 것이다.

또 다른 예는 지금 이 책을 쓰고 있는 나 자신이다.
출판사나 책 출간에 대한 지식과 경험이 전혀 없었던 내가
아주 이른 시간 안에 세 권의 베스트셀러 작가가 된 이유도
바로 여기에 있다.
와인 유통업을 하던 그가 여행업이라는 분야로
사업을 확장할 수 있었던 이유도,
내가 투자자에서 작가라는 업으로 확장할 수 있었던 이유도,
어제까지 쌓아서 만든 브랜드라는 자산이 있었기 때문이다.

와인이라는 본질에서 시작해 꾸준히 브랜드를 쌓아
와인 투어라는 여행 상품에 관심을 가질 만한 사람을
보유했던 그의 노력이 있었고,
투자라는 업으로 채널에서 활동하며
많은 글을 써왔던 나의 노력이 있었기 때문이다.
이렇게 쌓인 것이 브랜드의 힘이다.

**내가 쌓은 브랜드는 내 업의 가치를 높여줄 뿐만 아니라
다른 분야의 업을 끌어들이게 만드는 힘이 되어준다.**

그 친구는 협업을 통해 그 업체가 가지고 있는 업의 가치와 의미,
사업 프로세스, 관리 및 운용 방법을 고스란히 배웠고,
나는 현열이와의 협업을 통해
현열이가 생각하는 글의 가치와 의미,
출판 프로세스, 글이 아닌 책을 쓰는 방법을 고스란히 배웠다.

쉽게 말해 자신의 브랜드를 무기 삼아
다른 분야에서 다른 이가 쌓은 FIND와 FORGE를
그대로 흡수하는 것이다.
여기서 '확장해 나간다'라는 말의 의미를 정확히 규정할 수 있다.

자신의 브랜드를 이용해

타인이 만든 가치를 빌려 오는 것.

이 역시 FIND와 FORGE 단계를 잘 쌓아온 당신이

가질 수 있는 권력이자 혜택인 셈이다.

당신이 만약 FREE의 혜택을 확장에 사용하기로 했다면

당신은 '성급함'을 항상 경계해야 한다.

타인의 FIND와 FORGE를 이용할 수 있다고 해서

그것이 자신의 것이 된다는 의미는 절대 아니다.

자신의 것으로 만들기 위해서 최소한의 시간은 필요한 법이다.

처음 내 것을 쌓는 데 들였던 시간보다는 적겠지만

시간이 드는 것은 분명하다.

이 시간을 무시하고 처음부터 타인의 자산을 가져와

사업을 확장하는 일은 위험하다.

우리는 그런 성급함이 만든 실패를 많이 목격해 왔다.

그중 대표적인 예가

연예인이 사업을 시작하여 크게 실패하는 것이다.

그저 자신의 이미지와 돈만 투자하여

새로운 사업에 뛰어들다가 망하는 사례이다.

조금 더 구체적인 사례가 최근에도 있었다.
유명 요리사가 밀키트 사업을 벌였다가 평판을 잃은 일이 있었다.
최근 몇 년간 대한민국은 푸드 방송 열풍이 불었기에
방송을 통해 유명해진 요리사가 많다.
그들 중 일부는 자신의 명성으로 밀키트 업체와 계약하여
자기 이름이 걸린 상품을 출시했다.

반응이 좋은 상품도 있긴 했지만
많은 경우 밀키트 상품이 오히려 독이 되었다.
"먹어보니 맛이 없다", "비슷한 밀키트보다 구성이 안 좋다",
"가격이 너무 비싸다", "배송 속도가 왜 이렇게 느리냐" 등
부정적인 평가의 마지막은
그 요리사의 본질에 대한 의심으로 향했다.
'알고 보니 이 요리사, 실력 없는 거 아니야?'

이 모든 과정이 밀키트 사업을 제대로 학습하지 않고
성급히 뛰어든 결과라 볼 수 있다.
밀키트가 어떻게 만들어지는지, 어떤 유통 단계를 거치는지,

가격대는 어떻게 형성되어 있는지, 주 고객층은 어떤 사람들인지
사업 전반에 대한 이해가 부족했던 것이다.
문제는 이 실패가 가장 중요한 본질을 훼손한다는 데 있다.

그 본질은 요리사가 FIND와 FORGE를 거치면서
자신의 막대한 시간을 쌓아 만든 가치다.
그것이 일순간에 무너질 수 있는 것이다.

만약 와인업을 하는 그 친구가 한두 번의 협업만 해보고
자신만의 여행 투어 상품을 만들었다고 가정해 보자.
처음에는 이름값으로 팔리겠지만
고급 패키지여행을 이미 경험한 이들에게
그가 만든 상품의 어설픔이 느껴지는 순간,
가령 호텔이 마음에 들지 않는다든가,
투어 프로그램이 너무 빡빡하다든가,
여행 중에 일어난 상황에 대한 대처가 미흡하다든가 하는 그 순간,
여행 상품뿐만 아니라 그 친구가 쌓아온
신뢰 관계도 함께 무너질 수 있다.

즉 확장이 오히려 독이 되어 자신의 본질마저 훼손하는 것이다.

이런 일만은 절대로 일어나서는 안 된다.
확장을 선택했다면 자신이 쉽게 가지고 온 타인의 3F에 대해
인정하고 존중하는 마음을 가져야 한다.

내가 노력했던 시간만큼
그들이 노력했던 시간도 인정해 줘야 하는 것이다.
이런 점에 주의를 기울인다면,
타인의 시간과 브랜드를 만든 시간을 빌려 올 때
그것을 내 것으로 소화하기 위해 충분한 시간을 쏟다면,
당신은 생각보다 쉽고 빠르게
다른 분야의 사업으로 당신의 가치를 확장할 수 있게 된다.

FREE의 끝에
행복이 남길

확보된 시간으로 당신이 할 수 있는
세 번째 일은 그 시간을 온전히 자신을 위해 사용하는 것이다.
시간을 온전히 자신을 위해 사용한다는 말은
추가적인 생산 활동을 하지 않고
자기 행복을 위해 남은 시간을 사용한다는 뜻이다.

'부분 은퇴'라고 생각하면 이해가 빠르다.
그동안 고생해서 쌓은 노력 덕분에 당신이 원한다면

남은 삶은 행복을 추구하며 살 수 있게 되는 것이다.
와인 유통 사업을 하는 친구의 이야기를 다시 떠올려 보자.
개인이 했던 유통 사업에서 FREE 단계까지 성공했다면
이제 그는 많은 시간이 확보 가능하다.
그간 가지 못했던 여행에 그 시간을 쓴다든가
가족을 위해 시간을 내는 것 역시
그의 선택지 중 하나가 될 수 있다.
새로운 활동을 통해 더 많은 수익을 내는 게 아니라
하고 싶었던 일을 통해 더 많은 행복을 얻는 것이다.

물론 그렇다고 해서 이 친구가
완전히 일에서 손을 놓을 순 없을 것이다.
채널에 꾸준히 와인에 대한 자신의 이야기를 올려야 할 것이고
사업체에서 중요한 의사 결정은 본인이 해야 할 것이다.
전자는 브랜드를 유지하기 위해서,
후자는 업의 가치를 유지하기 위해서 해야 하는 일이다.
하지만 분명 이전보다 여유로워질 것이고
그 여유만큼 삶의 만족과 행복을 좇으며 살아가게 될 것이다.

FREE 단계에서 타인의 시간을 사서

자신의 시간을 확보하게 되면
그 시간을 온전히 나를 위해 사용하는 일이 가능해진다.
브랜드와 사업을 유지하기 위한 최소 시간을 빼면 말이다.
처음에 '부분 은퇴'라고 표현한 이유는 이런 뜻에서다.

당연한 말이지만 당신이 얻은 시간은 거저 주어진 것이 아니다.
당신이 노력한 시간값의 결과다.
평범한 당신이 꾸준함을 가지고 시간을 쌓아왔기에
드디어 당신에게 평범하지 않은 시간이 돌아온 것이다.

내가 아는 사람 중 세 번째 선택을 한 대표적인 사람이
이 책을 함께 쓰고 있는 제갈현열이다.
그는 지방대를 나와 20대 중반까지 아무것도 이루지 않은
'평범 이하'의 삶을 살았다고 한다.
그러다 20대 중반이 되자 기획에 몰입하여
수많은 대회에서 수상을 하고 대기업에 입사했다가
회사를 그만둔 후 강의와 집필을 업으로 삼았다.

돌이켜 생각해 보면 그가 5년 가까이 한 일이 부분 은퇴였다.
베스트셀러 작가라는 브랜드를 유지하기 위해

최소 1년에 한 권은 꾸준히 집필했다.
매년 책을 쓴 덕분에 그에게는 늘 강연 요청이 들어왔고
그는 집필과 교육으로 생활을 유지할 정도만 돈을 벌었다.
그리고 남는 모든 시간을 자신의 행복을 위해 사용했다.
37개 국가를 여행했으며, 쉬고 싶을 땐 아무것도 하지 않고 쉬었고,
좋아하는 게임을 발견했을 땐 몇 달을 그 게임에만 열중했다.
나는 늘 그의 실력이 아쉬워서 잔소리하고 다그쳤지만
현열이는 항상 행복하다는 말만 했다.

중요한 건 그 길을 선택했다고 해서 반드시
그 길을 유지해야 하는 건 아니라는 사실이다.
실제로 현열이는 2018년 우리의 첫 책인
『돈 공부는 처음이라』를 집필하는 과정에서
나와 많은 이야기를 나누며 돈에 대해 다시 한번 돌아보았고
충분히 놀았다는 말과 함께
자신이 쌓아 올렸던 '글'과 '강연'이라는 본질로
많은 것을 새롭게 만들기 시작했다.

그 노력은 지금까지 이어져 글과 관련된 채널을 만들고,
교육업을 자문업으로 확장하며 깊이를 주었고,

이를 바탕으로 다른 이들과 협업하여
새로운 업으로도 확장하고 있다.
와인 사업을 하는 그 친구도 마찬가지일지도 모른다.
충분히 가족과 행복한 시간을 보낸 뒤
별안간 창업으로 복귀할 수도 있을 것이다.
돌아와서 자신의 업을 더 열심히 할 수도 있고
새로운 업에 도전할 수도 있을 것이다.

위에 설명한 두 친구 외에도
내 주변에는 부분 은퇴를 즐기다 돌아오는 사람이 많았다.
자기 사업의 지분을 대부분 정리하고
유유자적한 삶을 즐기다 복귀하기도 했다.

잠깐 행복한 시간을 살았던 그들 중
누군가는 즐겼던 그 시간을 '쉼'이라고 표현했고
누군가는 자신에게 주는 '보상'이라고,
누군가는 새로운 길에 대한 '방황'이라고 표현했다.
표현은 중요하지 않다. 중요한 건 돌아온
그들의 발걸음이 더욱 빠르고 가벼웠다는 것이다.

아쉽게 한 번도 부분 은퇴를 해본 적이 없는 나는
사실 그들의 발걸음이 더 빨라진 이유를 정확하게 알지 못한다.
충분히 에너지를 보충했기 때문이라 추측할 뿐이다.

당신도 마찬가지다.
만약 그간 FIND와 FORGE 단계에서
너무 많은 에너지를 사용하였다면
그래서 어딘가 자신의 삶이 삐거덕거린다고 느껴진다면
얼마든지 쉬어가도 괜찮다.

당신은 이제 평범하지 않고 평범하지 않은 당신은
선택할 수 있으니 말이다. 그 쉼 또한 영원하지 않으니
언제든지 다시 돌아오고 싶을 때 다시 힘차게 걸어가면 된다.
이 사실을 기억하며, 스스로 뿌듯해하자.
열심히 살아온 당신에겐 새로운 것으로 나아갈 권리와 함께
잠시 멈추고 쉴 수 있는 자유도 생겼다는 것을 말이다.

여기까지가 아직은 평범한 당신이
시간의 8할을 들여서 만들어가야 하는
3F 법칙의 모든 행동 모델이다.

이어서 당신의 2할을 할애해야 하는
투자에 대한 3F 법칙을 이야기할 것이다.

다시 한번 당부하지만 '투자에는
딱 2할의 시간만 사용한다'라는 결심이 흔들리지 않길 바란다.
나 역시 당신이 2할만 사용해도 충분히 얻을 수 있는
이야기를 준비했으니 말이다.

FREE를 이루었다고 상상했던 행복한 미래에서
다시 한번 마음을 다잡고 현재의 자신으로 돌아와
이야기를 계속 이어나가 보자.

> 미션 9
>
> # 미래의 어느 하루를 그려보기

15년 전 어떤 책이었는지 강연이었는지 기억나진 않지만
하라고 말해서 무작정 해봤던 것이 바로 이 미션이었다.
해야 하는 이유에 대해서는 이렇게 설명이 되어 있었다.
어느 유명 대학에서 '이 글'을 작성한 사람과
그렇지 않았던 사람들의 수십 년 후의 모습을 비교해 봤더니
작성한 사람이 압도적인 확률로 성공을 이루었다는 것이다.
그 결과를 연구한 논문도 있다고 했다.

1시간 정도 사용해서 설령 안 된다고 해도 잃을 게 없고

이뤄지면 너무 좋은 것이니
밑질 게 없는 장사라 생각해 작성한 기억이 있다.
15년 전의 다이어리에 이 글을 썼는데
놀랍게도 지금의 나는 내가 작성했던 글의
70퍼센트 정도를 이룬 삶을 살고 있다.
당시 내가 적었던 미래의 성공한 삶의 모습은 다음과 같았다.
(그때 카페에 업로드했던 내용을 조금 각색했다.)

아침에 일어나 모닝커피를 들고
한 손에는 경제신문을 가지고 차에 탄다.
나이가 들어서 백발이 되어도 선글라스를 끼고
빨간색 스포츠카를 타고 출근한다.

출근하면 나의 직원들이 반갑게 인사를 한다.
그들은 나와 함께 여러 가지 사업을 만들어낸 나의 오랜 동지다.
아침에 주식을 보고 오전장이 마무리되면 1층에 내려간다.
1층에는 내가 운영하는 카페가 있다.
이 건물은 나의 사옥이다.
사옥의 양쪽 건물 역시 모두 내가 보유한 건물이다.
그렇다. 나는 JB로드를 갖고 있다.

참고로 내가 사는 집은 사옥의 꼭대기 층이고
저녁에 나의 서재에서 밖을 바라보면
JB로드가 한눈에 보인다.

각 건물에는 음식점, 의류 쇼핑몰, 미용실, 카페 등이
1층에 입점해 있으며 모두 내가 지분을 가지고 있다.
각각의 업장을 운영하는 사람들도
나와 함께했던 직원들이며 이들 모두 지분이 있다.
매장을 자신의 것처럼 생각하며 열심히 운영해 주고 있다.
나는 이 공간을 둘러보며 오전을 보낸다.

점심시간이 되면 직원들과 함께 내가 운영하는 식당에서
서로의 미래에 대해서 함께 고민하며 식사한다.
참고로 직원은 내가 운영하는 모든 곳을 공짜로 사용할 수 있다.

오후가 되면 다시 사무실로 돌아와
잠깐의 차트를 보고 학교에 가기 위해 준비한다.
그렇다. 나는 야간대 학생들을 가르치는 대학교수다.
내가 그랬던 것처럼 그들도 대학에 다니며 돈을 공부하고
돈을 경험하길 바라는 마음에 무보수로 출강한다.

주 2회 수업이고 수업이 없을 때는 다른 지역에 있는 대학교로
신입생, 졸업생을 위해 특강하러 간다.
이것도 역시 무보수다.
나는 다른 지역에 출강을 가면 가족과 함께 가는 편이며
그곳의 맛집, 명소를 찾아서 여행한다.
내가 무보수로 다른 지역에 강의하는 이유다.

저녁 시간이 되어서 퇴근하면 집으로 돌아와 책과 칼럼을 집필한다.
출판할 생각은 아니지만 그 글을 모아 매년
책으로 만들어 보관하고 그 책을 내 자녀에게 물려줘
대를 이어가며 돈을 버는 공간을 만들려고 한다.
그렇다. 궁극적으로는 돈을 배우고 가르치는
재단을 만들려고 한다.
그러기 위해, 내가 돈을 가르치기 위해
나는 세상 모든 투자물에 직접 투자하는 투자자가 되고 싶다.

내가 재단을 만들려고 하는 이유는
어려운 사람을 돕는 것도 중요하지만
돈이 삶에 개입해 나쁜 영향을 받는 것보단
돈을 삶에 활용하며 사는 사람을 만들고 싶기 때문이다.

그런 꿈을 가진 나는

오늘도 부자 노트를 완성하며 잠이 든다.

나는 아직 JB로드를 만들지 못했고,
대학에서 교수로 활동하지 않으며,
비싼 사옥을 보유하고 있지도 않지만,
한 달에 200만 원을 벌 때 작성한 내용치고는 꽤 많이 이뤘다.

현재의 나는 주식, 부동산, 코인 등
대부분의 투자물에 꾸준히 투자하고 있고
내가 공부한 과정을 담아 세 권의 베스트셀러 책을 썼다.
대를 이어 돈에 관해 이야기하기 위해서
자녀에게 물려줄 부자 노트를 지금도 작성하고 있으며
이를 바탕으로 돈에 대한 강의도 8년째 하고 있다.

종이 신문은 이제 없어졌지만
꽤 근사한 자동차를 타고 커피를 마시며 출근한다.
사무실 직원들은 지금 여러분이 이 책을 보며 했던 것처럼
나와 함께 오랫동안 각자의 자기선언문을 실행하고 있다.
여러 종류의 창업을 직접 하거나 지분 투자를 해왔고

지금도 서울에서 제법 알려진 식당을 두 개 보유하고 있으며
앞으로도 이런 창업에 계속 도전할 생각이다.

15년 전 '밑져야 본전'이라는 마음으로
잠깐의 시간을 투자해서 쓴 내용 덕분인지
내가 열심히 산 덕분인지는 솔직히 잘 모르겠다.

그러나 지금도 확신이 드는 건
15년 전 처음으로 온전히 나만을 위했던 생각이
15년간 나를 위해 살아가는 데
적지 않은 영향을 줬다는 것이다.
정확히는 그때 나의 소원을 기록으로 남겨둔 글이
내게 적잖게 영향을 끼쳤다는 것이다.

'적는다'라는 건 기억에서 기록으로 옮겨지는 과정이다.
기록은 언제나 기억보다 오래간다.
오래간다는 건 자주 생각할 수 있다는 것이며
자주 생각할 수 있다는 건 자주 돌아볼 수 있다는 것이다.

결국 나는 적어두었기 때문에 자주 돌아볼 수 있었고

그 덕분에 내가 하고 싶은 것을 위해
내가 해야 할 일을 남들보다 조금 더 자주,
조금 더 꾸준히 실행할 수 있었다.
그 결과 어느새 적은 대로 살아가게 된 것이다.

그러니 지금 당장 자신의 채널에
현재 자신의 모습과 환경은 무시하고
앞으로 자신이 꿈꾸는 미래의 하루를
내가 쓴 것처럼 적어보자.

지금의 당신도 그때의 나처럼
그 시작점을 만들 수 있다.
그러면 당신 역시 당신이 적은 대로 살아가게 될 것이다.

Part 4

돈이 스스로 일하게 만드는 3F 투자 모델

확인하고, 검증하고, 확장하라

당신이 상대적 박탈감을 느끼지 않도록

"인생은 확률의 싸움이다. 중요한 건 승률을 높이는 것이다."
에드워드 소프의 말이다. MIT 교수인 그는
블랙잭 게임에서 이미 소진된 카드가 무엇인지 기억해
앞으로 어떤 카드가 나올지를 확률적으로 계산하는
'카드 카운팅 기법'을 만들어
높은 확률로 이기는 전략을 세웠다.

그래서 그는 '카지노를 상대로 유일하게 승리한 개인'이란

평을 듣는 인물이자 영화 〈21〉 속 주인공의 모티브가 된
인물이기도 하다.

나는 그의 말에 전적으로 동의한다.
인생에서 100퍼센트 성공을 만드는 필승법이란 존재하지 않는다.
매 순간이 선택이고 매 선택은 결국 확률이다.

성공 확률이 높은 선택을 얼마나 할 수 있는가,
선택한 것을 얼마나 실행할 수 있는가,
성공은 이것으로 좌우된다.
자신의 업을 일으키는 3F 법칙은
가장 현실적이고 승률이 높은 방법이라고 자신한다.

지난 12년간 수많은 사람을 상담하고
그들의 수년을 함께 걸으며 확신한 방법이자
그들 대부분이 실행했던 방법이며
바로 지금, 나 역시도
더 큰 부를 위해 사용하고 있는 방법이기 때문이다.

부디 당신의 시간 8할을 사용하여

**누구도 빼앗지 못하는 자신만의 생산수단을
지금부터 만들어갈 수 있길 진심으로 바란다.**

지금부터 알려주고자 하는 것은
나머지 2할의 시간을 사용해서 만들 수 있는
당신만의 투자 공식이다.

거듭 말하지만 나는 자기선언문을 필두로 하여
브랜딩과 업을 완성하기만 해도
충분히 부자가 될 수 있다고 믿는 사람이다.

그럼에도 이 장을 마련한 건
내가 아무리 말리고 하지 말아야 할 이유를 설명하더라도
여러분 대부분은 투자를 포기하지 않을 것이기 때문이다.

**정확히는 투자하지 않았을 때 느끼는 '상대적 박탈감'을
누구보다 두려워하고 있다는 사실을 잘 알고 있기 때문이다.**

어떤 투자 상품이 될진 모르겠지만 앞으로도
엄청나게 지수가 급등하며

투자하지 않았던 사람을 상대적으로 불행하게 만드는
소식은 계속해서 들려올 것이다.
수년 전 비트코인이, 강남의 부동산이,
이차 전지가, 방산주가 그랬듯 말이다.

좋든 싫든 아예 눈을 감고 사는 게 아니라면
우리는 이런 '황금 같은 기회'로 포장된 뉴스를 계속 접하게 된다.
아무리 마음을 다잡고 자신의 길을 가는 사람이라도
이런 뉴스를 들을 때면 마음이 흔들릴 수밖에 없다.

내가 시간과 정성을 써서 차곡히 쌓아온
이 모든 행위가 어느 순간 우습게 여겨질지도 모른다.
모든 사람은 '벼락부자'를 꿈꾸는 동시에
'벼락거지' 취급을 받는 것을 두려워하기 때문이다.

이런 상대적 박탈감이 당신에게 이로울 리 없고,
그런 소식에 연연하지 말라고 아무리 말해도
인간이라면 무시하기가 쉽지 않다는 것 또한 알기에,
8할의 시간을 투자한 당신의 노력과 행동이
흔들리지 않았으면 좋겠다는 마음으로 이 파트를 준비했다.

이 파트는 당신에게 닥쳐올지도 모르는
상대적 박탈감을 방지하기 위해 썼다.
그런 이유로 이 파트를 쓰며 나는 크게 두 가지 고민을 했다.

첫 번째, 2할의 시간만 써도 가능한 투자법을 알려줄 것.
두 번째, 높은 확률로 수익이 발생하는 방법을 알려줄 것.

나는 이 두 가지 고민을 해결하기 위해
내가 개발한 투자 방법 중 누구나 쉽게 따라 할 수 있고,
동시에 높은 확률로 수익이 날 수 있는 방법을
여러분께 공개하기로 결심했다.
지금까지 이 방식으로
수익이 나지 않은 적은 단 한 번도 없었다.

물론 당신을 벼락부자로 만들 정도로
초대박 수익이 생기거나
짧은 투자로는 많은 돈을 벌지 못하는
방법이라는 것도 인정한다.

하지만 내가 약속할 수 있는 것은

이 방법이 나의 자녀들에게
첫 번째로 가르칠 투자 방법이라는 것이다.

당신이 창업의 FREE 단계에 이르기까지
이 방법을 꾸준히 진행해 왔다면, 이 투자 방법은
당신의 삶 속에서 이로운 무기가 될 것이다.

그럼, 바로 시작해 보자.

투자의 3F = 내가 알려줄 F + 당신이 완성해 갈 2F

원래대로라면 투자의 3F에서 첫 번째 단계인 FIND는
자기만의 투자 공식을 발견하는 것이어야 한다.
하지만 이것을 제대로 하자면
막대한 시간과 정성이 들어가고
2할의 시간만으로는 절대로 이 지점을 만들어낼 수 없다.

8할 이상의 시간을 쓴 나조차도
8년 이상의 시간이 걸려서 겨우 발견했기 때문이다.

당신이 2할의 시간만 사용해도 충분하도록
투자의 3F에서 첫 번째 FIND 단계는
나의 방법을 당신에게 알려주는 것으로 갈음하려 한다.
이 방법은 2005년에 시작하여 2025년까지
약 20년간 내가 직접 검증하고 실행했고,
2020년도에는 가장 짧은 시간 안에
가장 많은 돈을 번 방법이기도 하다.

그러나 단순히 족집게 과외를 해주겠다는 마음에서
이 방법을 알려주는 건 아니다.
내가 시간과 정성을 들여 만든 결과물을
당신이 훌륭히 레버리지해서
시간을 잘 활용하길 바라는 마음에 알려주는 것이다.

그런데 내가 방법을 알려준다고 해서
그 방법이 그 즉시 당신의 것이 되지는 않는다.
모든 투자법은 결국 자기 확신이 들어가야 한다.
자기 확신은 자신의 시간을 투여해야 만들어진다.

이 투자 방법이 과연 맞는지, 내게 적용할 수 있는지,

적용할 수 있다면 자기의 기준에서 얼마를 투자해야 하는지,
만약 투자 수익이 나거나 혹여라도 손실이 난다면
어떻게 대응해야 하는지 따위를
자신의 시간을 투여해 만들어가야 한다는 소리다.
결국 투자에서도 FORGE는 당신의 몫인 셈이다.

만약 FORGE를 완수해
이 투자법에 자기 확신이 생겼다면 내가 알려준 투자법은
이제 당신의 투자법으로 자리 잡게 될 것이다.
당신에게도 든든한 투자 방법이 하나 생긴 것이다.

이후 FREE 단계에서 이를 확장해
당신이 만들어갈 부의 여정에
든든한 보조 수단으로 활용할 수 있을 것이다.
그럼, 투자의 3F 단계를 요약해 보자.

투자에서 FIND란 자신만의 투자법(기준)을 찾는 것이다.
즉 어떤 투자물을 어떤 방식을 이용해서 얼마나 투자하여
언제 수익을 내고 손실을 최소화할지를 정하는 것이다.
이 방법을 온전히 스스로 만들기엔

당신은 창업이라는 활동을 해야 하기에
이 단계는 나의 방법을 알려주는 것으로 대신한다고 말했다.
내가 당신에게 알려줄 방법은
'지수 반토막 전략'과 '지수 분할 매수 전략'
그리고 이 두 가지의 장점을 결합한 '분할과 집중 시나리오'다.
두 가지는 투자 전략이고
한 가지는 이 전략을 활용한 실행 방법이다.

투자에서 FORGE란
투자법을 온전히 내 것으로 만들어가는 단계다.
투자법을 만들거나 다른 사람에게 배워도
잠깐의 노력이나 한두 번의 경험으로는
온전히 자신의 것으로 만들 수 없다.
자신의 것으로 만들 수 없다면 결국 큰돈을 투자할 수 없다.
노력하지 않고 큰돈을 투자하면
잠깐의 수익이 나올 수도 있으나
결국엔 분명 벌었던 돈 이상의 손실이 돌아오게 되어 있다.

그래서 나는 늘 이야기한다.
운으로 몇십만 원, 몇백만 원 벌기 위해서 투자하는 것이라면 시작도 하지 말라고 말이다.

그럼, FORGE 단계에서 당신은 무엇을 해야 할까?
한마디로 표현하면 '검증과 확신'이다.
내가 말한 반토막 전략과 분할 매수 전략이 제대로 작동하는지,
그 전략을 자기가 활용할 수 있는지,
분할과 집중 시나리오가 괜찮은 방식인지를
스스로 검증해 나가는 단계다.

스스로 알아보고 이 전략에 대한 확신이 생겨야지만
당신이 투여하는 자금의 크기를 키울 수 있게 된다.
또한 확신이 생겨야지만
이 전략으로 손실을 보더라도
수익이 날 때까지 꾸준히 같은 전략을 실행하는
자신감을 얻을 수 있게 된다.

투자에서 FREE 단계란
지금까지의 시나리오를 다양한 투자물로 확장하는 단계다.
FORGE를 완성했다면 반토막 전략도, 분할 매수 전략도,
이를 기반으로 한 분할과 집중 시나리오도 당신의 것이 된다.

그렇게 하면 이 투자법을 동일한 성질의 다른 투자물에도
확장해서 적용할 수 있게 된다.

투자물의 종류가 많아질수록
투자 안정성은 더 올라가고
높은 수익률을 만드는 자기만의 새로운 전략을
구상할 수도 있게 된다.

그럼, 지금부터 투자의 세계로
한 걸음씩 들어가 보자.

반토막 전략:
자주 오지 않지만 높은 수익을 내다

당신이 행여 주식 투자를 단 한 번이라도 해본 적이 없다면
시작하기 전에 한 가지 해야 할 일이 있다.
바로 주식 투자와 관련한 최소한의 용어를 익히고 오는 것이다.

코스피와 코스닥이 무엇인지, 지수란 무엇인지,
주식계좌는 어떻게 만드는지,
주식은 어디서 사는 것이고 어떻게 파는 것인지,
ETF 상품이 무엇인지 정도는 먼저 익히자.

이런 기본적인 정보는
인터넷에 검색하면 무수히 많이 나오니
쉽게 알 수 있을 것이다.

내가 알려주는 투자법은 두 가지다.
'반토막 전략'과 '분할 매수 전략'이 그것이다.
먼저 반토막 전략을 알아보자.

반토막 전략이란
코스피 지수가 고점 대비 반토막이 나면,
그때 지수와 연동되는 ETF에 투자하는 것이다.
지수와 연동되는 펀드나 금융상품도 가능하다.

2025년 7월 7일을 기준으로 코스피의 고점은
2021년 7월 6일 기록한 3305.21이다.
이 투자 전략을 사용한다면
앞으로 코스피 지수가 1652.60으로 떨어졌을 때
지수와 연동된 ETF 상품을 매수하면 된다.

만약 지수가 3305.21보다 올라간다면

이를 기준으로 다시 반을 나누자.
그러면 투자해야 할 시점이 나온다.

지수와 연동된 ETF 상품은
KODEX 200(삼성자산운용), TIGER 200(미래에셋자산운용),
KOSEF 200(키움투자자산운용), KBSTAR 200(KB자산운용),
ARIRANG 20(한화자산운용) 등이 있다.
ETF 상품을 만든 회사가 다를 뿐 모두 비슷한 상품이니
이 중 아무것이나 사서 투자를 하면 된다.
얼마를 투자하느냐는 당신의 FORGE에 달려 있다.
이 전략에 대해 스스로 검증한 뒤,
확신이 드는 만큼 투자하면 된다.

이 전략은 2019년도에 출간된
나의 첫 책 『돈 공부는 처음이라』의 마지막 부분에 담겨 있다.
나는 책을 출간한 후 진행된 몇 번의 출판 강연회에서
앞으로 3년 안에 위기가 올 수 있음을
이미 수천 명이 넘는 사람들에게 알리고 다녔다.

그리고 2020년 3월 19일 코로나 위기가 왔다.

코스피 지수는 아니었지만, 코스닥 지수가 반토막이 되었을 때
나는 지난 10년간 얻은 수익 전부를
수백 명의 사람이 보는 앞에서 투자를 했다.
그리고 그 과정을 수만 명이 활동하고 있는 나의 카페에 공개했다.

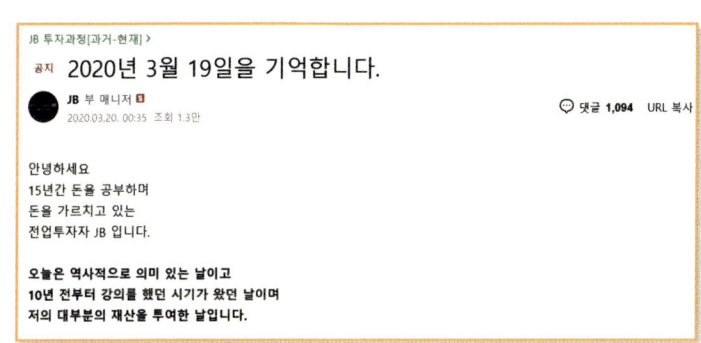

└ 네이버 카페 '돈 공부는 처음이라'에 올린 2020년 3월 19일의 글

시간을 보면 3월 20일 새벽이다.
3월 19일 저녁에 작성을 시작했는데
시간이 흘러 20일로 넘어간 것이다.
즉 지나고 나서 쓴 글도 아니고 오르고 나서 쓴 글도 아니다.
그만큼 나는 이 전략에 자신이 있었고 확신도 있었다.
그리고 1년이 지나지 않아 코스피는 두 배 넘게 상승했다.
내가 내 자랑을 하려고 이 과정을 여기다 쓴 건 절대 아니다.

당신이 고작 책 한 권에서 얻은 지식이라고 생각하며
의미가 없다고 판단하여
실행하지 않을까 봐 이렇게 담는 것이다.
당신이 구매한 책 한 권의 값은
10년 동안의 내 투자 수익금의 값과 동일하다.
그러니 반드시 실행으로 옮겨야 한다.

매수를 했다면
언제 매도하여 수익을 실현해야 하는지도 알아야 한다.
내가 매도한 방식도 알려주겠다.
수익 구간을 30퍼센트, 60퍼센트, 100퍼센트
이렇게 세 단계로 나누고
각각 3분의 1씩 매도해서 수익을 얻으면 된다.

100만 원을 투자했다면
30퍼센트 수익률이 되었을 때 3분의 1,
60퍼센트 수익률이 되었을 때 3분의 1,
100퍼센트 수익률이 되었을 때 전부를 팔면 되는 것이다.
이렇게 나누어서 매도하면
전부 팔았을 때 86퍼센트의 수익을 볼 수 있게 된다.

100만 원을 투자하면 약 86만 원을 버는 것이다.

이를 간단하게 도표로 나타내면 아래와 같다.

구간	매도 시점 수익률	총금액	매도 금액	잔여 금액	설명
1단계	+30%	1,300,000원	433,333원	866,667원	전체의 3분의 1 매도
2단계	+60%	1,126,667원	375,555원	751,112원	잔여금에 30% 적용 후 3분의 1 매도
3단계	+100%	1,051,556원	1,051,556원	0원	잔여금에 40% 적용 후 전량 매도

* 매도 시점 수익률은 단순 계산

이 전략은 한 번도 실패한 적이 없다.

코스피가 도입된 이후로 45년간

지수가 반토막이 난 1~2년 안에

언제나 지수가 급등하여 수익 구간이 나왔기 때문이다.

또한 지수가 급등하기 때문에

투자금에 따라서 큰 수익을 볼 수 있다는 장점도 있다.

투자를 전혀 모르는 사람도

이 시기에 내가 말한 대로 투자한다면

70퍼센트에 가까운 수익을 볼 수 있으니 말이다.
이 전략의 단점은
반토막이 되는 시기가 자주 오지 않는다는 것이다.
45년간 총 다섯 번의 시기가 찾아왔으니
10년에 한 번꼴로 찾아오는 것이다.
하지만 그만큼 결과가 담보된 투자 방법이기에
나는 2020년 이후 이 시기가 찾아오기를 지금도 기다리고 있다.

모든 사람이 위기라고 말하는 순간이
준비된 자에겐 가장 큰 기회가 될 수 있는 것이다.
이 반토막 전략이 당신에게 전해주는 첫 번째 교훈이다.

분할 매수 전략:
연속성으로 조급함을 없애주다

당신에게 알려주는 두 번째 투자법은 '분할 매수 전략'이다. 분할 매수 전략은 말 그대로 코스피와 연동된 ETF 상품을 일정 금액으로 매월 매수하는 투자법이다.

순서는 다음과 같다.

1. 자신의 투자 총자본을 60등분 한다.
2. 매월 코스피 연동 ETF 상품을 매수한다.
3. 수익 구간이 오면 일정 금액을 매도하여 수익을 실현한다.

이 투자법은 최대 5년을 주기로 실행해야 하므로
자본을 60등분 해야 한다.
5년을 주기로 실행하는 이유는
지난 45년간 어느 지점에서 시작하든
5년 동안 같은 금액을 매월 투자하면
항상 5년 안에 수익 구간이 발생했기 때문이다.

즉 분할 매수 전략은
코스피 지수가 최고점에 있을 때에도,
대폭락이 나오거나 시장이 좋지 않아
몇 년간 코스피가 횡보할 때에도 상관없이
당신이 시작한 시점으로부터
5년 안에 반드시 수익 구간이 나타난다는 것이다.

이 역시 지난 20년간
국내 주식에 투자하며 스스로 확인했고
단 한 번도 이 가설은 틀리지 않았다.

지금도 이 투자법에 확신이 있기에
이 전략도 내 자식에게도 물려줄 생각이다.

한 번에 매수하는 금액은
자신이 가진 투자 자본의 60분의 1이다.
즉 자신이
60만 원을 투자한다면 매달 만 원씩
600만 원을 투자한다면 매달 10만 원씩
6000만 원을 투자한다면 매달 100만 원씩 매수하면 되는 것이다.

수익을 실현하는 시기는
수익률 10퍼센트, 20퍼센트, 30퍼센트 구간에서
각각 총 투자 금액의 20퍼센트씩 매도하면 된다.

가령 분할 매수 1년 차에 10퍼센트 수익 구간이 발생했다면
그때까지 투입한 자본의 20퍼센트를 팔아 수익을 실현하고
다시 분할 투자를 계속 진행하다가,
3년 차에 20퍼센트 수익 구간이 발생하면
역시 그때까지 투여한 자본의 20퍼센트를 팔아
수익을 실현하면 된다.

이 투자법의 장점은
반토막 전략과는 달리 시기를 기다릴 필요 없이

오늘부터 바로 투자를 시작할 수 있다는 점이다.
매월 투자를 하므로 소외되는 느낌도 들지 않기에
상대적 박탈감을 막는 데 매우 효과적이다.

시장이 좋아서 모두가 수익을 보는 시기에
'나도' 수익을 볼 수 있어서 즐겁고
시장이 좋지 않아 모두가 울상이 되는 시기에도
'언젠간' 수익이 날 것이 확실하기에 조급함도 없어진다.

분할 매수 전략은
모두가 웃을 때 함께 웃을 수 있고
모두가 울 때 나 홀로 웃을 수 있는 전략인 셈이다.

2할의 시간을 투자해 상대적 박탈감을 막고,
나머지 자본을 레버리지해
부자에 좀 더 가까워지자는 이 책의 취지에
가장 적합한 전략이라 할 수 있다.

그런데 이 전략의 단점도 있다.
투자할 수 있는 자금이 비교적 적다는 것이다.

내가 가진 투자 가능 자본의 60분의 1이니 말이다.
이 투자법은 매월 정기적으로 투자해야 효과가 있다.

만약 무리해서 투자금을 높이다가
돈이 없어 매월 투자를 하지 못하는 상황이 발생하면
투자 모델 자체가 무너지기 때문에,
반드시 수익 구간에서는 매도를 진행하여 현금을 확보하고
하락 구간에서도 무서워하지 말고
원칙대로 매수를 진행해야 한다.

지금까지 당신에게 두 가지 투자법에 대해 알려주었다.
그리고 각각의 장점을 결합하면
당신에게 전할 '분할과 집중' 시나리오가 만들어진다.

계속해서 이 시나리오를 알아보며
당신의 FIND 단계를 마무리해 보자.

분할과 집중 시나리오:
두 전략의 장점을 합치다

앞서 알려준 두 개의 방법은 '투자법'이고
지금부터 알려주는 것은 '투자 시나리오'라고 말했다.
이 둘의 차이는 무엇일까?
투자법이란 기준과 원칙이다.
지식과 경험, 배움을 통해 기준과 원칙을 만드는 것이다.

투자 시나리오란 나에게 맞춘 투자법을 실행하는 것이다.
즉 기준과 원칙을 자신에게 적용하여

가장 효율적인 실행 방법을 찾는 일이다.
반토막 전략, 분할 매수 전략은 투자법에 해당하며
이를 조합하여 더 높은 효율을 찾는 방식이
시나리오에 해당된다.
이를 이해했다면 이제 마지막 FIND,
'분할과 집중 시나리오'에 대해 알아보자.

앞서 말한 두 가지 투자법의 장점은 수익성과 연속성이다.
반토막 투자는 수익성이 높고
분할 매수 투자는 연속해서 꾸준히
수익을 낼 수 있는 시기가 존재한다.

이 두 가지의 장점을 합치면 분할과 집중 시나리오가 된다.
즉 평소에는 지수 분할 전략으로 투자하다가
반토막 시기가 오면 그때 집중 매수를 하면 된다.
이를 시나리오로 만들면 다음과 같다.
지수 분할 전략으로 평소에는 매수를 하다가
위기 시 남은 금액의 절반을 투여하는 것.

예를 들어보자.

천만 원을 가지고 있다고 가정해 보자.
지금 당장 분할 매수 전략을 사용해서 투자를 시작한다면
천만 원을 60등분으로 나눈 월 17만 원 정도를 매수할 수 있다.

그렇게 40회, 즉 3년이 넘는 시간 동안 투자했다고 가정해 보자.
어느 날 지수가 반토막이 되는 위기가 왔다면,
이미 당신은 그 전에 두세 번의 매도를 통해
수익을 실현했을 것이다.
즉 투자를 시작한 뒤 3년간 최소 두 번 이상은
10~30퍼센트 수익 구간을 보았다는 뜻이다.

어떻게 확신하냐고?
15년간 매일 지수를 보며,
많은 시간과 정성을 들여 그 전후 관계를 고민했기 때문이다.

항상 위기가 있기 직전에 큰 상승이 있었다.
코로나 팬데믹이 그랬고, 서브프라임 모기지 사태가 그랬으며,
IT 버블도, IMF 외환위기도 그러했다.
즉 위기가 왔다는 말과
위기 직전 큰 상승이 있었다는 말은 동일하다.

40회를 투자하는 과정에서 큰 상승이 있었을 테니
당신 역시 내가 알려준 방식대로 했다면
두세 번 정도의 수익 실현을 이미 마쳤을 것이다.

그러면 어떻게 될까?
수익 실현을 두 번 했다고 가정해 보면
40회 투자한 금액에서 두 번 수익을 실현해
16회의 투자 금액 정도를 회수했을 것이다.
그럼, 당신에게는
남아 있던 20회에서 추가로 얻은 16회까지
총 36회를 투자할 수 있는 여유 투자금이 있을 것이다.

위기가 왔을 때 이 36회 자본의 절반을 한 번에 투자하면 된다.
그 이후에는 나머지 18회에 해당하는 자금을
또다시 18개월간 꾸준히 분할 매수하면 된다.
반토막 전략에서 말한 것처럼
지수는 1년 안에 다시 급등할 테니
이 과정을 통해 수익이 극대화시키는 것이다.

만약 분할 투자를 오늘 시작해서

다음 달에 바로 위기가 왔다면?

오히려 좋다.

남은 59회의 자금 절반을 투자하면 되니까 말이다.

더 많은 금액을 위기에 투자할 수 있으니

당신은 더 큰 수익을 낼 수 있을 것이다.

만약 60분할을 하는 동안

단 한 번의 위기도 오지 않았다면?

그러면 이 기간에 분할 매수를 통해 벌었던 투자 수익금과

그사이에 창업을 통해 만들었던 여유 자금을 활용해

다시 60분할 하여 분할 투자를 이어나가면 된다.

10년에 한 번꼴로 위기가 찾아왔기 때문에

이어지는 5년간의 분할 투자에서는

위기가 찾아올 가능성이 매우 높다.

이때 같은 시나리오로 수익을 남기면 되는 것이다.

실제로 17년 전에 나와 재테크 스터디에서 만났던 분은

12년 전에 이 시나리오를 배우고

당시 태어났던 자녀의 백일·돌잔치 비용과 용돈을 아껴

2000만 원의 계좌를 만들었다.
그리고 이 시나리오를 사용했는데, 코로나 위기 이후에
그 계좌가 복리로 연 8퍼센트의 수익을 내어
지금은 5000만 원에 가까운 금액이 되었다고
고맙다는 인사를 하였다.

이분은 아이가 고등학생쯤 되면
스스로 통장을 관리할 수 있도록 하고
군대를 전역하면 계좌를 넘기겠다고 말하였다.

이분처럼 두 가지 투자법을 활용해
분할과 집중 시나리오를 이용하게 되면,
손실의 위험은 줄이면서 평생 안정적으로
투자 수익을 높이는 방법이 생기는 것이다.

이렇게 당신에게 두 가지 투자법과
투자법을 활용한 한 가지 시나리오 전략을 알려주었다.
여기에는 지난 20년간 내가 사용한
시간과 정성이 녹아 있다.

내 시간과 정성으로
투자에 관한 당신의 FIND를 해결해
당신이 사용할 수 있는 시간의 2할만 들이고도
투자를 충분히 해나갈 수 있길 기대한다.

그다음은 내가 알려준 방법을
당신 자신의 것으로 만드는 과정이다.
FORGE를 통해 자기 확신을 넣는 단계 말이다.
그럼, 계속해서 이어나가 보자.

> 미션 10
>
> # HTS 개설하고
> # 지수 차트 확인하기

시대가 발전해서 많은 사람이 스마트폰으로 계좌를 개설해
MTS(Mobile Trading System) 앱을 사용하여 투자한다.
그러나 나를 포함해 투자로 부자가 된 모든 사람은
단 한 명도 예외 없이 HTS(Home Trading System)를 쓴다.
즉 PC로 공부하고 매매만 MTS로 한다.

간혹 MTS로만 매매한다는 부자도 있지만
그들의 과거를 살펴보면
그 사람들은 이미 오랜 시간 HTS 공부를 끝냈고,

그 후에 MTS로 매매하고 있다는 사실을 알아야 한다.
그러니 당신도 투자 공부를 처음 시작할 때는
반드시 HTS를 컴퓨터에 설치하고,
지수와 차트를 눈으로 보자.

증권사 홈페이지에 들어가면 HTS를 설치할 수 있다.
설치 후 그곳에서 지수 차트를 열어 지금 내가 말했던
기준들이 실제로 어떤 결과를 가지고 왔는지
직접 살펴봐야 한다.

절대 어렵지 않다.
모르는 게 있을 때 각 증권사의 고객센터에 문의하면
아주 친절하게 답변을 해주며,
유튜브나 ChatGPT 검색을 통해서도 99퍼센트는
즉각 해결할 수 있다.

더 구체적인 과정을 이 책의 지면에서
하나씩 설명하고 싶지만
각자가 사용하는 증권사도 다르고,
그 모든 증권사에 맞춰서 모두 자세하게 설명하게 되면

그림과 글의 내용이 너무 방대해져
아쉽게도 책에는 담지 못하였다.

그러나 내가 15년간 직접 운영하는 채널인
네이버 카페 '돈 공부는 처음이라'에
이번 미션부터 마지막 미션까지를 구체적으로 설명하는
영상을 촬영해 공지 사항에 올려놓으려 한다.
카페는 아래의 QR로 접속하면 된다.
그러니 겁먹지 말고, HTS를 PC에 깔아보자.

HTS에 대해 가장 많이 들은 질문 두 가지

1. 대표님은 공부할 때 어떤 증권사의 HTS를 쓰나요?
저는 다양한 HTS를 사용합니다만,
처음 HTS를 접하시는 분께는 '키움 증권'을 추천합니다.
가장 많이 사용하는 HTS이기도 하고,

타 증권사의 HTS도 키움 증권을 기반으로
비슷하게 만들어지기 때문입니다.
또한 키움 증권 HTS가
가장 많은 기능을 제공하고 있습니다.

2. 대표님은 매매할 때 어떤 증권사를 사용하나요?

원금이 커지면 (1억 기준) 그에 따라 증권사 별로
수수료가 크게 차이 나기 때문에 증권사를 옮기는 편이 좋습니다.
매년 수수료 무료 이벤트가 있는 증권사로 이전하시면 됩니다.
이벤트가 많이 있는 기간은 1~4월이니
그때쯤 '추천 증권사'를 검색하는 편이 도움이 됩니다.
단 여기에 매몰되면 안 되니 너무 많은 시간을 쓰지는 마시고
충분히 원금이 커질 때까지는
한 곳의 증권사 HTS에 집중하는 것을 추천합니다.

투자
2단계

FORGE

당신의 투자법으로
소화시킬 시간

투자에서 FORGE 단계는

내가 알려준 투자법을 자신의 것으로 소화해 나가는 단계다.

나는 세상에서 가장 신중해야 하는 일이

자기 돈을 투자하는 행위라고 믿는 사람이다.

누군가 알려준 투자법이 아무리 좋은 것이라도,

그리고 그걸 알려준 사람이

믿음직한 사람이더라도,

**자기 확신 없이 돈을 투여하는 행위는
도박과 다를 것이 없다.**

나는 당신이 최소한의 시간을 들이고
창업에 집중하기를 바라는 사람이지,
당신에게 도박을 권유하는 사람은 아니다.
그 때문에 이 단계에서는
내가 알려준 투자법이 정말 맞는지,
이 투자법이 자신에게 맞는 수단인지 따위를
스스로 검증하며 만들어가야 한다.

방법은 간단하다.
내가 알려준 모든 방식은
코스피란 지수를 활용한 방법이다.
**그리고 코스피 지수는 누구나
인터넷을 켜고 검색하면 1초 만에 바로 알 수 있다.
여기에 조금의 수고만 들이면
충분히 여러 방면으로 내 투자법을 검증할 수 있는 것이다.**

반토막 투자에 관해 확인하고 싶다면

지수를 보며 지금까지 반토막이 났던
사례를 찾아보면 된다.

반토막 이후에 언제 반등이 일어났는지
그 반등이 어디까지 올라갔는지
올라가기까지 얼마나 걸렸는지 따위를
알아보면 된다.

무척 쉬운 방법이다.
하지만 스스로 코스피 차트를 펼쳐 반토막 지점을 찾아보고
그 이후의 움직임까지 확인해 보는 행동은
그것만으로도 의미가 깊다.

머릿속으로 알고 있기보다
직접 눈으로 확인하는 작업이 필요하다.

만약 코스피의 반토막을 스스로 확인하고
내 말이 맞다는 사실을 증명했다면
이번에는 분할 매수를 매월 했다면 어떻게 되었을지
직접 검증해 보자.

끝으로 두 가지 전략을 확인했다면
분할과 집중 시나리오를 만들 차례다.
앞서 시나리오는 자신에게 어울리는 가장 효율적인 방법을
실행하는 과정이라고 했다.

예를 들어 ETF 상품이 아니더라도
지수와 연동되는 다른 투자물을 찾으면 어떨지
생각해 보는 것도 좋은 방법이다.
지수와 연동되는 상품은 많으니 말이다.

가령 주요 200개 대기업 주가의 평균치를 반영하는
KODEX 200 상품이나
아예 주요 대기업 10개의 주가만 반영하는
TIGER TOP10에 투자할 수도 있다.
공격적인 성향의 투자자라면
두 배 더 많이 올라가고, 두 배 더 많이 내려가는
레버리지 ETF 상품에 가입하는 것도
이 단계에서 고려해야 하는 사항이다.
또한 나는 반토막 투자에서
30퍼센트, 60퍼센트, 100퍼센트 구간을 나누어 매도하여

수익을 남기라고 말했다.

이 가설을 바탕으로 계산해 보는 것도 좋은 검증법이다.

실제로 30퍼센트, 60퍼센트, 100퍼센트에 나누어 파는 게

가장 이득인지 아니면

다른 수익 구간에 다른 비율로 파는 것이 더욱 큰 이득인지

각각의 방식이 완료되기까지 걸리는 시간은 얼마인지 등등을

알아보다 어쩌면 자신만의

황금 비율을 발견하게 될지도 모른다.

그 어떤 것이든 이 모든 과정을 통해

반토막 전략에 대해 점점 확신을 가지게 되며

그렇게 다른 사람의 투자법을 자신의 것으로 만드는 것이다.

분할 매수 전략 역시 같은 방법으로 검증해 보면 된다.

시간이 날 때마다 45년 코스피의 역사 중

아무 지점이나 설정해 보자. 그리고 그때부터 한 달에

일정 금액을 분할 매수로 넣으면 60개월 동안

매달 어떤 수익률 변화가 있었고

내가 말했던 수익 실현 구간은 몇 번이나 있었는지

시간과 정성을 쏟았을 때 비로소
자신만의 투자 시나리오를 완성할 수 있다.

따위를 확인하면 된다.

또한 내가 말했던
10퍼센트, 20퍼센트, 30퍼센트의 수익 실현 시기보다
더 큰 수익을 주는 지점은 없는지
만약 그런 것이 있다면 얼마의 이익을 더 얻을 수 있는지를
알아보는 것도 좋은 검증 방법이 될 수 있다.

어쩌면 나조차도 발견하지 못했던
더 적절한 수익 실현 시기와 비율이 존재할지도 모르니 말이다.
만약 그렇게 된다면 적어도 분할 매수 전략에서는
당신이 나보다 더 높은 수익을 얻을 수도 있을 것이다.
남의 것을 가지고 왔으나
결국 자기 스스로 더 나은 도구로도 충분히 만들 수 있다는 것이다.

분할 매수 전략에 확신이 섰다면
아주 작은 돈을 실제로 투자해 보며 감을 익히는 것도
매우 추천하는 방식이다.
당장 한 달에 만 원이라도 분할 매수로 ETF 상품을 사면서
매달 달라지는 수익률을 스스로 체크해 보면

검증에 있어서 큰 도움이 된다.

작은 액수라도 자신의 돈이 투여되면
관여도가 달라지기에 조금 더 집중해서
이 방법을 검증할 수 있기 때문이다.

마지막으로
이 두 가지가 합쳐진 분할과 집중 시나리오에 대해서도
위의 방식과 동일한 방식으로 검증해 나가면 된다.
특히 투자 시나리오에 대한 거의 모든 이야기는
전작인『돈의 시나리오』를 통해 모두 설명했다.
다섯 가지의 기준과 다섯 가지의 물음으로
자신의 시나리오를 설계하고 검증하는 모든 과정이
그 책에 자세히 담겨 있다.

만약 당신이 더 체계적으로 나의 시나리오를 검증하고 싶다면
시간을 내서 꼭 이 책을 읽어보길 권한다.
검증할 수 있는 방법론에 대해
자세하게 알수록 보다 확실한 검증을 할 수 있으니 말이다.

분할과 검증 시나리오는 두 가지 투자법의 조합이기 때문에
각각의 투자법을 검증하는 사이에 자연스레
어떻게 이 투자 시나리오를 검증할 수 있을지에 대한
감이 잡힐 것이라 확신한다.

이렇게 딱 2할의 시간을 들여 소액으로 투자를 시작해 보자.
시작하며 얻게 되는 많은 경험이 모여
자신만의 시나리오라는 확신이 들었을 때
결국 자산 대비 큰돈을 투자할 수 있게 되었을 때
당신의 FORGE는 완성된다.

이제 남은 것은 확장하는 단계, FREE다.
계속해서 알아보자.

> **미션 11**
>
> # 반토막 전략 시기
> # 작성하고 확인하기

글을 읽고 이해하는 것보다 HTS를 열어

지수 차트를 직접 확인하는 것이

반토막 순간이 왔을 때 당신이 행동할 확률을 더 높여준다.

첫 책 『돈 공부는 처음이라』를 2019년에 출간하고

그 책의 마지막에 이 전략을 담았다.

그리고 출판 강연회에서도 앞으로 3년 안에

반토막 지수를 활용할 위기가 올 수 있다고 수없이 강조하였다.

하지만 실제 2020년 3월 코로나 팬데믹이 오고 위기가 왔을 때 강연을 듣고 책을 읽은 모든 이가 실행했을까?
아니었다.

나는 코로나 시기 이후 수천 명의 사람을 만나며
그때 투자하지 못했던 사람과
투자했던 사람의 차이점을 발견했다.
투자하지 못해서 너무 아쉬워했던 대부분의 사람은
왜 하지 않았냐는 나의 질문에 늘 이렇게 말했다.
"'다음에 기회가 오면 봐야지' 하고 생각하고 넘어갔던 게,
그래서 그 한 번의 기회를 날린 게
너무너무 아까워요, 대표님."

반면 돈을 번 사람은 대부분 책을 읽고 바로
HTS를 열어서 직접 눈으로 확인하며 준비했던 사람이었다.
그리고 돈을 번 크기는 얼마나 많이, 얼마나 오랫동안
차트를 봤는가에 따라서 완전히 달랐다.

누군가는 100만 원을 투자한 경험으로
인생을 건 투자를 하기도 했다.
어떤 것이 옳은지에 대한 정답은 없다.

하지만 시간과 정성을 쏟아 투자했을 때 얻을 수 있는
자신만의 해답과 투자 시나리오는 있다.

몇 년이 지나 또 위기가 올 수 있다.
그 위기 속에서 기회를 잡는 사람은
더 똑똑해서,
더 돈이 많아서,
더 현명해서가 아니다.
그저 '나중에', '다음에', '그때 돼서'가 아닌
지금부터 천천히 준비하며 기다린 것이다.

그러니 당신도, 지금의 내가 준비하고 있듯
지금 당장 HTS를 열어 확인해 보자.

반토막 이전에 어떤 모습이었는지,
반토막 이후에 언제 반등이 일어났는지,
그 반등이 어디까지 올라갔는지,
올라가기까지 시기는 얼마나 걸렸는지,
반드시 당신의 눈으로 직접 확인하자.

> **미션 12**
>
> ## 지수의 분할 매수 전략을 실행할 때
> ## 손실 나는 구간이 있는지 확인하기

지수가 반토막이 났던 시기를 확인하였다면
이제는 지난 45년간의 지수 중 무작위로
아무 곳이나 지정하여 가상 매매를 해보자.
이때 자신만의 매도 시점을 반드시 설정하고
차트를 봐야 한다.

예를 들어서 '나는 20, 30, 40, 50, 100퍼센트에서
내가 가진 물량의 20퍼센트씩 매도할 것이다' 혹은
'나는 20, 40, 60, 80, 100퍼센트에서

가진 물량의 20퍼센트씩 매도할 것이다'처럼
자신만의 시나리오를 만들고 차트를 봐야 한다.

그렇게 자신만의 황금비율과 투자 시나리오를 찾는 것이
이번 미션에서 해야 하는 일이다.

2005년 12월 1일부터 매월 균일하게
60등분으로 매매한다면 언제 수익 구간이 나오는지,
자신의 시나리오대로 매도가 되는지 확인하거나
2007년 1월 1일부터 매월 균일하게 60등분으로 매매한다면
언제 수익 구간이 나오며 자신의 시나리오대로 매도가 되는지
무작위로 아무 날이나 선택하여 확인해 보자.

아마 당신이 확인을 많이 할수록
이 전략이 얼마나 괜찮은 전략인지
스스로 깨달을 수 있을 것이라 확신한다.

> **미션 13**
>
> # 분할 집중 시나리오를 실행할 때
> # 손실 나는 구간이 있는지 확인하기

국내 지수에서 마지막으로 확인해야 하는 것은
분할 집중 시나리오다. 이미 지수의 반토막 전략과
60개월 분할매수 전략의 힘을 느낀 사람은
이런 아쉬움을 토로할 수 있다.
'아, 위기가 왔을 때 더 살 수 있었다면….'
이런 아쉬움이 위의 두 가지 미션을 충분히 수행했을 때
반드시 저절로 느껴져야 한다.
그것이 스스로 깨달았다는 증거다.
그리고 이 아쉬움을 해결해 나가고자 하는 노력을 통해

당신은 투자자로 한 단계 더 성장할 수 있다.

내가 반토막 전략에서
반드시 확인해야 한다고 말한 것 가운데
첫 번째를 기억하는가?
"반토막 이전에 어떤 모습이었는지,
반토막 이후에 언제 반등이 일어났는지,
그 반등이 어디까지 올라갔는지,
올라가기까지 시기는 얼마나 걸렸는지"에서
'반토막 이전에 어떤 모습이었는지'를 확인했다면
한 가지는 알 수 있다.
대부분 위기 이전에는 지수가 많이 올랐다.

그렇다. 위기 이전에 대부분 현금을 보유하고 있을 수 있다.
당신이 매도 시나리오를 지켰다면 말이다.

그럼, 현금을 보유하고 있는 상황에서
위기가 올 때까지 얼마나 걸릴까?
그리고 내가 반토막에서 매수를 하면
얼마나 오랫동안 수익으로 환산하지 못할까?

이때 두 번째를 확인하면 된다.
"반토막 이후에 언제 반등이 일어났는지"

대부분 반토막 이후에는 빠르게 급등하였다.
짧게는 1년 안에 급등하였으나
IMF 외환위기 수준의 위기일 때는 2년이 걸렸다.
그럼 정리해 보자.
1. 위기 이전에는 현금이 많다
2. 위기 이후에는 빠르게 수익 구간이 생긴다
그럼, '위기일 때 많이 사면
빠르게 수익을 볼 수 있다'라고 결론을 내릴 수 있는 것이다.

60개월 분할 매수 전략을 사용하다가 위기가 왔을 때
남은 금액의 절반 정도를 투자하여 얻은 이익은
언제 나오는지 각자의 시나리오로 반드시 만들어보자.
앞으로도 투자자는 이렇게 스스로 피드백하며
문제점을 해결하는 과정을 통해
자신의 시나리오를 확장해야 한다.

투자
3단계

FREE

당신의 시나리오를
다른 기회로 확장하길

투자에서 FREE 단계는
FORGE를 통해 만들어진 자신의 투자법과 시나리오를
다양한 영역으로 확장해 나가는 단계다.
창업과 마찬가지다.
하나의 방법을 쌓는 데 쓰인 당신의 시간값을
이제는 높여나가는 것이다.
**FREE의 단계에서의 첫 번째 확장 역시 창업과 동일하게
'가장 비슷한 투자물로 확장'하는 것을 추천한다.**

'비슷한' 투자물을 선택해야 하는 이유는
적어도 이 투자 방식에 대한 당신의 시간값이
FORGE를 거치며 꽤 비싸졌기 때문이다.

FORGE를 하는 과정에서
이미 당신은 HTS를 자유롭게 다룰 수 있으며
지수와 관련된 차트 복기를 진행해 봤기에
지수를 복기하는 데 걸리는 시간이
남들보다 훨씬 빨라졌을 것이다.

만약 당신이 해외 지수를 또 다른 투자물로 확장한다면
해외 지수에 대해 아무것도 모르는 사람이
24시간 동안 해야 할 일을 단 몇 시간 안에
해결할 수 있을 것이다.
그래서 '지수'가 활용되는
비슷한 투자물로 진행하는 게 무조건 옳다.

이런 질문을 할 수도 있다.
'굳이 확장해야 해?'
'그냥 국내 지수만 가지고 하면 안 돼?'라고 말이다.

하지만 반드시 이 단계에서
당신이 확장하길 바라는 데는 이유가 있다.
바로 최대한의 수익률을 얻기 위해서다.
이를 이해하기 위해서는
다음과 같은 대전제에 공감하고 있어야 한다.

시장이 주는 타이밍은
개인의 의지로 절대 만들 수 없으며
시장이 주는 타이밍은
시장마다 각기 다르다.

이 대전제를 중심으로 생각해 보자.
우리가 공부를 많이 한다고 해서
시장이 내 마음대로 흘러갈까?
아무리 지수를 공부한다고 하더라도 예측의 영역일 뿐
실제 시장의 움직임과 결과에는 영향을 미치지 못한다.

예를 들어 내가 코스피 지수의 반토막 전략을
완벽하게 이해했다고 하더라도 지수가 빠지지 않으면
시나리오를 실행시킬 수 없다.

이때 이를 확장해서 해외 지수에 적용한다면 어떤 일이 벌어질까?
실제 예를 알아보자.

2020년 3월 19일 우리 코스닥 지수가
반토막이 나면서 최저점을 기록할 때
다른 나라의 지수는 -50퍼센트가 되지 않았다.

반대로 2018년 우리 지수가 얼마 빠지지 않았을 때
이미 중국 상하이 종합 지수는 2018년 10월에
반토막이 났고 이후 1년 만에 30퍼센트,
2년 만에 50퍼센트 상승했다.

또한 2022년 3월 우리나라가 코로나를 극복하고
지수가 2600선을 회복하고 있을 때
홍콩 H 지수는 -50퍼센트였다.
이후 1년 만에 30퍼센트 이후의 추가 하락이 잠시 있었지만
추가 하락 이후 80퍼센트의 상승률을 보였다.

이 사례에서 알 수 있는 것은 한 가지다.
지수는 나라마다 다른 시기에 다른 모습을 보인다는 것이다.

반토막 전략을 한국 코스피에만 투자한다면
10년에 한 번 올 기회를 기다려야 한다.
반면에 이를 확장해서 해외 지수에도 적용할 수 있다면?

2018년에 중국 상하이 지수를 통해
2020년 대한민국 코스피를 통해
2022년 홍콩 H 지수를 통해
5년 동안 무려 세 번의 반토막 투자법을
활용할 수 있게 되는 것이다.

즉 확장만으로도
당신의 수익률은 극대화할 수 있고,
당신의 돈을 효율적으로 운영할 수 있는
시나리오를 만들게 되는 것이다.

이것이 FREE 단계에서 당신의 투자법을
적용 가능한 다른 영역으로 넓혀야 하는 이유다.

물론 우리나라에서 투자할 수 있는 금액과
동일한 액수를 넣을 순 없다.

다른 나라가 처한 위기의 원인을 알기 어렵고
상품을 선정할 때도 우리나라의 상품 선정에 비해
정확한 정보가 없기 때문이다.

그럼에도 지금은 ChatGPT와 같은 AI를 통해
몇 번의 질문만으로도 지수에 투자할 만한
괜찮은 투자물을 선별하고 정보를 얻을 수 있다.

이런 황금 같은 시대에 투자를 진행하면서
확장하지 않는다는 건 쉽게 이익을 극대화할 방법을
스스로 포기하는 것이기에
적은 금액이라도 시도하는 편이 무조건 옳다.

만약 당신이 FORGE를 거치며 확신을 얻었고
해외 지수까지 당신의 투자 영역을 넓혔다면
코인 등의 다른 시장으로 넘어가도 좋다.
만약 그 시장에서도 반토막 전략이나 분할 매수 전략이
적용될 수 있는 환경이나 가능성
혹은 투자 시점을 발견했다면 말이다.

자신이 확신하는 투자법을 만들고
다른 시장으로 넓혀 스스로 더 많은 기회를 창출하고
그 기회를 통해 보다 안정적이고 빠르게
투자 수익을 낼 수 있게 되었다면
투자에 관한 당신의 FREE도 끝이 나게 된다.

투자의 FREE를 끝으로
당신에게 알려주는 모든 이야기가 마무리되었다.
책 속의 이야기는 끝이 났지만
당신의 이야기는 이제부터 시작이다.

손에 든 책을 덮고 당신의 발로 행동할 때인 것이다.
당신의 차례다.
이 책으로 새로이 시작될 당신의 '부'는
지금부터 시작이다.

미션 14

해외 지수로 두 가지 전략과
한 가지 시나리오를 확인하기

지금까지 국내 지수에서
미션을 수행하기 위해 노력하고
QR 영상을 보며 해답을 얻었다면
이제 해외 지수의 반토막 전략과 분할 전략,
그리고 분할 집중 시나리오를 살펴보자.

'굳이 해외 지수까지 봐야 할까?'라고 묻는다면
이 이야기를 해주고 싶다.
나는 이 전략을 2010년도 초에 완성하였다.

2005년부터 펀드에 가입하여 상승과 하락을
모두 경험하며 얻었던 기록을 통해서 만들게 되었다.

그때는 돈을 받고 강연하지 않았고,
금융권과 관련된 직무에서 일하는 분들에게
무료로 이 내용을 공개했다.

당시 일반인을 대상으로
10~20명 정도의 규모로 강연했지만
횟수가 거듭될수록 대체로 남아 있는 사람은
적게는 수십억 원, 많게는 수천억 원을 굴리는
자문사 대표님들이었다.

그분들은 고작 30대 초반에다
전 재산 1억 원도 안 되는 나에게
지수와 관련된 강의를 듣기 위해 전국에서 찾아왔다.

훗날 알게 된 사실이지만,
그때의 나는 국내 지수에 한정해 이야기했는데
그분들은 나의 FIND를 발판 삼아

해외 지수나 다른 투자물에까지 그 방법을 확장했다고 한다.
즉 그 대표님들은 각자의 FREE 단계에서
꽤 많은 돈을 번 것이다.

아쉽게도 15년 전은 지금처럼 해외 지수 차트를
HTS를 통해서 손쉽게 보던 시대가 아니었다.
방법을 알아도 정보를 얻을 수 없으니
나는 포기했다.

그러나 지금은 다르다.
누구나 편하게 해외 지수 차트를 볼 수 있고 정보를 얻을 수 있다.
나 역시 그것이 계기가 되어 해외 지수를 보기 시작했다.

그리고 알게 되었다.
'나의 돈을 더 일하게 만드는 방법'을 말이다.

처음에 나는 위기가 온다면
전 세계가 비슷하게 움직일 거라 생각했다.
그래서 나의 돈도 어차피 한정적이니
굳이 해외에 투자할 이유가 없다고 생각하며

생각을 이어나가지 않았다.
결론적으로 내 생각은 참으로 미련했다.
눈으로 확인하지 않고 고작 한 번의 위기,
서브프라임 모기지 사태에서 얻은 경험을
전부라고 생각했으니 말이다.

그러다가 2015년도에 해외 지수 차트를 분석하기 시작했는데
그 결괏값은 참으로 놀라웠다.

각 국가의 반토막은 서로 다른 시기에 왔다.

국내 지수로 한정하게 되면
10년에 한 번 정도로 기회가 오지만,
최근 5년 동안의 해외 지수까지 본다면
2018년도 상하이 지수,
2020년도 코로나 지수,
2022년도 홍콩 H 지수를 통해서
무려 세 번의 기회를 5년 동안 잡을 수 있었던 것이다.

물론 해외 지수에 국내 지수와 동일한 수준으로

투자하라고 말하지는 못하겠다.
국내 지수 공부에 가장 많은 시간을 쏟았고
그리고 무엇보다 지금 내가 살고 있기 때문에
알 수 있는 정보가 많다는 사실을 고려하면
국내 지수가 가장 안전하다.

그래서 내가 추천하는 비중은
국내 지수에 사용될 금액의 5분의 1 수준에서
해외 지수 투자를 시작하고, 시간과 정성이 쌓이면
그 비중을 늘려 나가는 것이다.

단 1원이라도
내 돈을 더 일하게 만들 수 있다면,
나는 투자를 하는 게 옳다고 본다.

확장만으로도 수익률을 극대화할 수 있고
당신의 돈을 효율적으로 운영하는 시나리오를
만들 수 있는 것이다.

이것이 FREE 단계에서

당신의 투자법을 다른 영역으로 적용해 넓혀야 하는 이유다. 언제고 당신의 FREE 단계와 내 FREE의 단계가 마주하는 순간을 기다리며 설레는 마음으로 마지막 미션을 마무리하고자 한다.

에필로그

지금도 평범한 내가,
평범한 당신에게

-김종봉

저에게 있어 '돈을 가르친다'라는 문장의 의미를
단 한 줄로 정의한다면 이렇게 말할 수 있습니다.

"내가 직접 경험하여,
내가 직접 확신이 드는 방법만
가르치고 이야기하자."

그래서 이 책에 담긴 모든 내용은
지금 이 순간에도 제가 직접 실천하고 있습니다.
저는 여러분이 글을 읽은 그 순서 그대로,
즉 FIND, FORGE, FREE의 흐름 속에서
창업과 투자를 지금도 이어가고 있습니다.

지금까지 저는
글 연재, 칼럼 작성, 브랜딩 컨설팅, 출판, 강연,
교육 회사 운영, 자영업을 하며
하나씩 창업의 단계를 밟아왔습니다.

투자 또한 마찬가지입니다.
지수 투자에서 시작해
해외 지수, 국내 주식, 엔화, 달러, 코인까지 이어졌고,
지금은 미국 주식이라는 새로운 분야에서
FIND를 마치고 FORGE를 실천하고 있습니다.

그리고 이 모든 과정은 제가 운영하고 있는 커뮤니티에서
15년이 넘는 시간 동안 1000편 이상의 무료 칼럼으로
투명하게 공유해 왔습니다.

지금까지 이렇게 여러 방면으로 꾸준히 활동하는 이유는
이 책의 서두에 언급했던 것처럼,
저는 지금도 '평범'하기 때문입니다.
제가 만약 평범하지 않았다면
이 책은 존재하지 않았을지도 모릅니다.

돈을 공부해 온 20년의 세월 중
어떤 분야에서라도 특별한 재능을 발견하였다면
압도적인 성장을 통해 압도적인 부를 이뤄
이번 책에 담긴 과정 따위가
필요하지 않았을 것이기 때문입니다.

무척이나 다행히 저에게 그런 재능은 없었고
20년간 제가 직접 경험했던 과정에서
이 책을 완성할 수 있었습니다.

20년이 지났지만 저는 여전히 평범합니다.
그에 비해 여러분은 제가
수만 시간의 고민과 경험을 통해 알게 된
창업의 순서와 방법,
투자로 돈을 벌지 못하는 시기를 겪으며 치열하게
고민하여 발견한 결괏값을 미리 알게 되었습니다.

실행하지 않을 이유가 하나도 없습니다.
그러니 이 책을 덮는 END의 순간이
AND의 순간으로 바뀌길 진심으로 원합니다.

『돈 공부는 처음이라』를 시작으로
『돈의 시나리오』,『돈은, 너로부터다』 그리고 이 책까지,
지난 8년간 쉼 없이 네 권의 책을 집필하였습니다.

평범한 제가 20년간 공부한 모든 내용을
다 담았다고 생각하기 때문에
새로운 무엇인가를 발견하지 않는다면
다음 책이 나오기까지 어쩌면
아주 오랜 시간이 걸릴지도 모르겠습니다.

그래서 부끄럽지만, 지면을 빌려
처음으로 감사의 인사를 전하고자 합니다.

먼저 묵묵히 뒤에서 저를 응원하고 있는 사랑하는 가족들,
저와 함께 8년간 꾸준히 성장해 준 저의 멋진 동료들,
그리고 부족한 저에게 많은 사랑을 보내주신 독자분들과
그 사랑을 받을 수 있도록 네 권의 책을 함께 집필하며
도와준 제갈현열 작가에게도
진심으로 감사의 말씀 전합니다.

새로운 이야기를 쓰기 위해
저는 이제 '작가'의 타이틀을 잠시 내려놓고
다시 전업 투자자로 돌아가도록 하겠습니다.

여러분의 3F 여정 어딘가에서
언젠가 저와 마주하여 커피 한 잔으로
서로의 3F를 이야기하는 순간을 상상하며.

이상
20년간 돈을 공부하며
돈을 가르치고 있는
전업 투자자 김종봉이었습니다.

에필로그

살아온 것을 말하는 것에서
말하는 대로 살아 남기는 것으로
-제갈현열

살아남는 것에서
살아가는 것을 지나
살아 남기는 것.
독자님들께 살아가는 것의 의미를
종종 질문받는 저는
곧잘 이렇게 대답하곤 합니다.

이 대답은 저의 믿음이기도 해요.
우리 모두의 삶은 이 셋 어딘가에 자리 잡고 있습니다.

살아남는 것은 생존이에요.
아무리 싫다 해도 해야 할 일을

어떻게든 해내야 하는 과정입니다.
그래서 이것은 수동입니다.

살아가는 것은 유지예요.
하루하루 흘러가는 것이죠.
큰 위기도, 큰 변화도 없는 과정입니다.
그래서 이것은 부동입니다.

살아 남기는 것은 변화예요.
무엇을 남길지를 고민하고
이를 위해 기꺼이 삶을 투자하는 것입니다.
그래서 이것은 능동입니다.

삶은 수동을 견디고, 부동에 잠시 혹은 꽤 오래 머물고,
어느 순간 능동적으로 의미를 찾아가는
긴 호흡의 여정입니다.

책의 제목처럼, 부자가 되고 싶다는 말은
내 삶에 부를 남기고 싶다는 의미이며
이는 부를 남기기 위해

스스로 변화하고 싶다는 뜻일 거예요.
책을 읽으며 어떻게 부를 남길지 고민하고
삶을 투자해 보겠다는 결심을 하셨을 거라 생각합니다.

그것을 시작으로
여러분의 삶은 능동의 첫걸음을 디뎠습니다.
이제 중요한 것은 방법이에요.
삶을 능동적으로 바꾸는 방법에는
여러 가지 것들이 있겠지만
제가 믿는 가장 강력한 도구는
자신의 미래를 스스로 선언하는 행위입니다.
말이든 글이든 자신의 미래에 대해 선언하는 행동에는
큰 힘이 있거든요.

"오늘 하루 착한 일을 할 거야!"라고
누군가에게 말하고 하루를 살아보세요.
온종일 착한 일을 하기 위해
주변을 틈틈이 돌아보는 자신을 발견하게 될 거예요.
"나는 오늘 운동을 시작한다"라는 문장을 노트에 적고
하루를 살아보세요.

어떻게든 몸을 움직이기 위해
하다못해 엘리베이터가 아닌 계단을 이용해서
걸어가고 있는 자신을 마주하게 될 거예요.
누구에게나 자신이 선언한 말과 글을
지키고자 하는 마음이 있어서,
지키지 못하면 부끄러운 죄책감을 느끼거든요.
누구나 자기 삶에 '염치'가 있답니다.
이 부끄러워할 줄 아는 마음이 선언한 것을 지키게 만들고
이로 인해 삶의 곧 능동이 된다는 것을 저는 믿습니다.

선언의 힘을 사용하느냐 그렇지 않으냐,
이를 통해 삶은 완전히 달라집니다.
이 힘을 사용하지 않는 사람은
살아가는 대로 말하게 됩니다.
그들의 말은 그래서 대부분 과거형입니다.
이 힘을 사용하는 사람은 말하는 대로 살아가게 됩니다.
내가 말한 것을 목표로 삼아,
내가 가진 염치를 동력 삼아
내가 꿈꾸는 미래를 향해 걸어가게 됩니다.

그리고 결국 내가 원하는 그 무엇을
삶의 유산으로 남길 수 있게 됩니다.
그들의 말은 그래서 대부분 미래형입니다.
자기선언문이란 적는 순간 변화하는
마법 같은 주문이 아니라
삶을 능동적으로 바꿔주는 가장 현실적인 나침반입니다.

여러분은 어디쯤 있나요?
살아남기 위해 안간힘을 쓰고 있을까요,
살아가며 어제와 같은 오늘에 만족하고 있을까요,
살아 남기기 위해 무언가를 시도하고 있을까요.

저는 지금 살아 남기는 그 어디쯤을 걷고 있어요.
부끄럽지 않게 노력해서 살아남았고
제 삶에 여유를 선물하며 살아가다
어느새 제가 남기고 싶은 것을 발견했어요.
그것을 만들기 위해 바쁘게 움직이고 있답니다.
'시장 우선주의자이기에 얻을 수 있는 경제적 자유'
이것이 제가 남기고 싶은 유산이에요.

여러분이 그 어디에 계시든 응원합니다.

살아남고 있다면 어려움을 극복하고 끝까지 해내기를,

살아가고 있다면 그 시간 속에서

충분히 쉴 수 있기를 말이에요.

그리고 희망합니다.

고군분투를 지나, 유유자적을 넘어,

언젠간 살아 남기기 위해

자신의 삶을 선언하는 출발점에 설 수 있기를.

삶을 능동으로 바꿀 수 있기를.

그리하여 자신이 말하는 대로 살아갈 수 있기를.

살아가며, 살아 남길 수 있기를.

이상

20년간 글과 기획을 해왔고

지금도 글을 자문하고 있는

시장 우선주의자,

말하는 대로 살아가기 위해 노력하는

작가 제갈현열이었습니다.

극현실주의 부자 수업
평범하지만 부자가 되고 싶어

초판 1쇄 발행 2025년 10월 15일
초판 3쇄 발행 2025년 11월 5일

지은이 김종봉, 제갈현열
펴낸이 김선식

부사장 김은영
책임기획 옥다애　**책임편집** 옥다애　**책임마케터** 오서영
콘텐츠사업4팀장 임소연　**콘텐츠사업4팀** 박윤아, 김민경, 옥다애, 최유진
마케팅사업2팀 오서영　**홍보2팀** 정세림, 고나영
브랜드사업본부 정명찬
브랜드홍보팀 오수미, 서가을, 박장미, 박주현　**영상홍보팀** 이수인, 염아라, 이지연, 노경운
저작권팀 성민경, 이슬, 윤제희　**편집관리팀** 조세현, 김호주, 백설희
재무관리팀 하미선, 임혜정, 이슬기, 김주영, 오지수
인사관리팀 강미숙, 김혜진, 이정환, 황종원
제작관리팀 이소현, 김소영, 김진경, 유미애, 이지우, 황인우
물류관리팀 김형기, 김선진, 주정훈, 양문현, 채원석, 박재연, 이준희, 문명식

펴낸곳 다산북스　**출판등록** 2005년 12월 23일 제313-2005-00277호
주소 경기도 파주시 회동길 490 다산북스 파주사옥 3층
전화 02-702-1724　**팩스** 02-703-2219　**이메일** dasanbooks@dasanbooks.com
홈페이지 www.dasanbooks.com　**블로그** blog.naver.com/dasan_books
용지 스마일몬스터　**인쇄** 민언프린텍　**코팅 및 후가공** 제이오엘앤피　**제본** 다온바인텍

ISBN 979-11-306-7166-6 (03190)

- 책값은 뒤표지에 있습니다.
- 파본은 구입하신 서점에서 교환해드립니다.
- 이 책은 저작권법에 의하여 보호를 받는 저작물이므로 무단 전재와 복제를 금합니다.

다산북스(DASANBOOKS)는 책에 관한 독자 여러분의 아이디어와 원고를 기쁜 마음으로 기다리고 있습니다.
출간을 원하는 분은 다산북스 홈페이지 '원고 투고' 항목에 출간 기획서와 원고 샘플 등을 보내주세요.
머뭇거리지 말고 문을 두드리세요.